El pensamiento positivo, Poder del Optimismo

Gautam Sharma

El Pensamiento Positivo, Poder del Optimismo

Cree en Ti Mismo para una Mejor Vida

Gautam Sharma

La Esencia

"La mente lo es todo. Lo que creemos es lo que somos
y en lo que nos convertimos."

De las enseñanzas de Gautama Buddha (El Iluminado)

Dedicatorias:

Estimados amigos de todo el mundo,

Este libro está dedicado a mi esposa, Shabnam Sharma cuyo amor, optimismo, bondad, energía y apoyo nos hacen sentir a mi familia y a mi radiantemente satisfechos. Gracias a nuestra inmediata y extendida familia y amigos localizados a través de continentes por experiencias diversas y alegres compartidas durante muchos años. El Universo ofrece abundancia y esto es para compartir con valiosos lectores, que son la razón de este libro. La serie Empoderamiento no es sobre mí, sino sobre todos ustedes. Es alentador notar que muchos lectores han escogido empoderarse a si mismos.

Gracias al creciente número de gente amigable, servicial que mantienen el envío de comentarios y revisiones favorables a través de los medios y plataformas de redes sociales y profesionales. Estos son muy apreciados por mí.

Elogios para *"El Pensamiento Positivo, Poder del Optimismo Cree en ti mismo para una Mejor Vida"*

*   ¡Este libro es potencialmente transformador! Muy recomendable para todos.

Vinny M, Melbourne

* Un libro motivador, fácil de leer que todos apreciaremos. Gautam Sharma es un hombre inteligente que ha escrito una versión destilada de leyes universales de siglos de antigüedad y

resultados de investigaciones modernas. Este libro le dará vibraciones muy positivas y sin duda ¡le dará la confianza necesaria para hacer frente a situaciones difíciles! Vale la pena leer de forma inmediata.

Herbert D.

* El pensamiento positivo y la positividad es la única actitud que nos mantiene felices y saludables. Gautam Sharma nos ha conducido acertadamente a creer en esta verdad. Un muy informativo libro, que se debe leer.

DG

* Debo felicitar Gautam Sharma por compartir con todos nosotros la sabiduría del pensamiento positivo. Realmente me ha gustado cuando dice "Sus pensamientos dan forma a su mundo y que el optimismo es más importante para la felicidad. Más aún, el optimismo es el más elevado hábito / habilidad de todas las personas de éxito ". De hecho, encuesta Gallup sobre las tasas nacionales de liderazgo cataloga la esperanza como la parte superior de la pila ". Obama se convirtió en

¡Presidente sobre esta promesa!

KT

* Qué manera tan maravillosa de su perspectiva sobre todos los aspectos importantes de la vida, en la forma de este libro.

S.O.

Felicitaciones y deseando a Gautam Sharma muchos más.

* Excelente libro sobre la potenciación y la forma en que guía nuestras acciones. En general, un cinco Estrellas.

* "¿Está constantemente preocupado por el mañana? ¿Está buscando eliminar el estrés de su vida? Para obtener estas respuestas lean este libro por Gautam Sharma y empiecen a disfrutar de su vida. Bellamente escrito" Sheena M.

* En este extraordinario libro, el autor ofrece ideas frescas sobre el poder del pensamiento positivo y cómo tenemos la oportunidad de dar forma a los resultados de la jornada de la

vida. Sobre la base de sus experiencias personales, el autor se ha inspirado en diversas fuentes y ha presentado a sus lectores acciones concretas para superar las adversidades y poder darse cuenta de todo el potencial de la creatividad individual. ¡Una lectura muy valiosa!

Nita B.

Sobre el Autor:

El Pensamiento Positivo Mentor y Autor Gautam Sharma (un ser inteligente, realizado, capaz, profesional con amplia experiencia) ha vivido en Asia, Europa, África y ahora viviendo en EE.UU. personifica y edifica el poder del optimismo. El comparte percepciones sobre el comportamiento y el potencial humano a través de perspectivas filosóficas, psicológicas con el punto de vista del compartir demostrado, los resultados investigados y para hacer sentir empoderadas a las personas en todo el mundo. El autor tiene previsto utilizar sus puntos fuertes de profesionalismo, experiencias variadas, creatividad y habilidades de comunicación 'para publicar la Serie de Empoderamiento en la autoayuda, temas motivacionales. Gracias valiosos lectores, por su apoyo y sus comentarios favorables. Deseándoles pensamientos positivos abundantes a medida que continúan en creer en sí mismos para un mejor vivir.

Descargo de Responsabilidad: El autor está

compartiendo sus pensamientos y filosofía para fines informativos y educativos. Asesoramiento y recomendaciones dadas aquí no son para el tratamiento de cualquier condición médica o mental. Usted es el único responsable de consultar a los médicos certificados para el tratamiento en función de su situación y sus necesidades específicas.

Contenido

Introducción

A. "Espere lo mejor y el Universo materializará sus metas, sueños y deseos." (De las Escrituras)
B. "Optimismo, esperanza y Fe pueden manifestar milagros." (Traducido de los Vedas)
Desde tan temprano como las Escrituras y los Vedas a los recientes estudios de 2015, la investigación en las mejores instituciones en todo el mundo, conclusiones y escritos confirman que la verdad universal se mantiene siempre constante "Sus pensamientos dan forma a su mundo y que el

optimismo es lo más importante para la felicidad. Más aún, el optimismo es el más elevado hábito / habilidad de todas las personas de éxito.

Este libro ha sido escrito basado en leyes universales de siglos de antigüedad, así como resultados de las investigaciones modernas para mejorar vidas. Puede empezar a tener fe en sí mismo y recuperar su confianza y auto-estima para de ese modo lograr sus objetivos. Practique estos simples pasos varias veces todos los días:

A. Confíe en el Universo: Usted es parte de la creación Divina y una magnífica expresión de la vida. Abrace y acepte su unión con la Divinidad y repita esto en sus pensamientos y en palabras al despertar, durante el día y justo antes de irse a dormir: *"Yo Soy uno con la Divinidad y una magnífica expresión de la Vida Divina. Estoy destinado(a) a estar a salvo, seguro y bien en todas las formas posibles en todo momento."*

B. Enfóquese en lo positivo, porque todo en lo que Ud. se enfoca se expande. Así que, expanda los aspectos positivos de lo que Ud. es y en todo lo que Ud. tiene. De las gracias y sea agradecido por el hecho de estar vivo, agradezca que tiene suficiente aire para respirar y puesto que puede respirar, Ud. puede oler la frescura de la naturaleza y las rosas. Sea agradecido por el hecho de que el sol, el aire y el agua mantienen a todos los humanos, otras formas de vida y a la vegetación vivas. Todos tenemos tantas cosas por las que nos debemos sentir agradecidos que la lista sería de decenas, cientos o incluso miles. Con el hábito de dar las gracias y siendo agradecidos,

Ud. está expandiendo el ámbito de bondad que recibe. Una afirmación muy simple, sin embargo, muy efectiva a repetir en su mente es: "Yo merezco lo mejor, espero lo mejor y recibo lo mejor en todo momento". Dígalo y repítalo, que Ud. está bien y haciéndolo bien, a pesar de lo que suceda a su alrededor. De manera que, confíe en el Universo y Ud. estará bien.

Hay tanta abundancia en el Universo y mientras más se anide en la abundancia y la bondad, más recibirá. "Concebir, creer y lograr" no es un mero eslogan, es la base para atraer vibraciones de energía que vuelven a la vida convirtiéndose en cosas materiales. El Creador ha dado forma a esta ley para los seres humanos y para todos los seres vivos, desde los albores de la creación para la eternidad.

El proceso del pensamiento es esencial para la creación de nuestras vidas en constante evolución. Nuestros pensamientos dan forma completamente a nuestras experiencias y las cosas materiales en nuestras vidas.

Nuestras vidas tienen la forma que le damos a través de nuestros pensamientos. Desde el variado fondo de nuestros pensamientos y sistemas de creencias, creamos todo de acuerdo a lo que somos y tenemos. Suena un tanto fascinante y un poco mágico ¿cierto? Pero así funciona: Sólo pensando en resultados positivos, la mayoría de las veces conseguimos que se nos manifiesten. Es lógico que, para dirigir nuestros resultados en la vida, tenemos que aprender a controlar la naturaleza de nuestra charla mental recurrente y dominante. Todo es alcanzable con una buena dosis de enfoque y una práctica regular, de que podemos seguir extrayendo los eventos positivos en nuestras vidas; asi como todo lo que nos proponemos tener y experimentar una vida mejor. El poder del pensamiento positivo puede ayudarlo a lograr todo, una vez que se acepta la verdad de que sus pensamientos crean su realidad - ahora y en el futuro. De maneras muy prácticas y términos alentadores, somos enteramente los verdaderos creadores de nuestra propia realidad, en todo momento y bajo todas las circunstancias. Nosotros mismos damos forma a nuestras vidas con nuestros pensamientos, creencias y sentimientos. A primera vista, esta lógica puede tal vez parecer falsa, irrelevante o sin fundamento, porque algunos pudieran señalar eventos que, aparentemente, se encuentran fuera de su control: tal como las circunstancias de su nacimiento, algunas enfermedades, algunos accidentes, sus enemigos, y esa tormenta o huracán que mató a tantos. Pero es que nadie se dice a sí mismo: "Está bien que yo a veces sea lastimado, asaltado o engañado ".

Así que lleguemos al núcleo de la verdad universal con precisión: en la mayoría de los niveles subconscientes mucho antes del nacimiento y luego con creencias acumuladas que una vez fueron subconscientes - usted los creó a todos: cada evento, detalle y por lo tanto, todos los acontecimientos en sus vidas.

Antes del nacimiento hemos elegido el sendero o camino; durante la vida elegimos los carriles o líneas a seguir. Un cuerpo perfectamente sano y funcional, millones de arterias.
En resumen, sus patrones mentales son verdaderamente la parte inalterable de su vida: la genética, la ascendencia, la forma de piel continental, forma del cuerpo, así como algunos hitos predefinidos, tales como miembros específicos de la familia, un serio revés, una herencia caída del cielo o una fortuna recién encontrada. Entonces, Ud elige sus caminos arteriales cada segundo de su vida consciente, con su forma de pensar. En pocas palabras, sus pensamientos se acumulan y se convierten en potentes creencias, los más fuertes operando a niveles subconscientes y afectando su próxima secuencia de elecciones de vida. No es de extrañar que cuando sucede algo desagradable, pensamos que hicimos un mal negocio.
Reconozcamos que somos una parte integrante de la gran magnificencia Universal. Somos expresiones de la más alta

conciencia y olvidamos nuestra grandeza muchas veces, sobre todo que nuestros sueños y deseos pueden hacerse realidad a través del poder de nuestro pensamiento sintonizado con la Divinidad. Cuanto antes nos demos cuenta de esta verdad y tomemos el control consciente de nuestros pensamientos, más rápido declararemos nuestra libertad y comenzaremos a vivir vidas satisfechas-realizadas.

Responda al llamado de la acción, aléjese de la mera existencia hacia una vida feliz.

Empiece a creer que todo el mundo es parte de la Divinidad y verdaderamente magnífica. Usted es uno con la última fuente-"la Super Consciencia." Estos son valores de la espiritualidad probados por más de 3.000 años y continuarán siendo válidos para elevar a la humanidad.

La verdad elevada complementa las leyes de la ciencia contemporánea y la metafísica. Científicos modernos, investigando sobre los bloques de construcción fundamentales del universo están descubriendo otras leyes. Aquí está uno: "Tanto la presencia y el comportamiento de las partículas subatómicas dependen de lo que está sucediendo en la mente del científico ".

"Esto puede sonar un poco a ciencia-ficción, fantasioso, pero es realmente cierto científicamente y ha sido reproducido muchas veces. Las implicaciones son asombrosas. Como un científico investigador experto lo dijo, "Físicos en estos días están descubriendo fronteras sin utilizar. "

La ciencia convencional asume que la conciencia surge de los objetos físicos. La Metafísica afirma que lo contrario también es cierto, lo cual los Maestros Asiáticos Hindúes han sabido durante 3.000 años. Con toda razón el Buda (El Iluminado) lo expuso de esta manera: "Todo lo que somos es el resultado de lo que hemos pensado. La mente lo es todo. Lo que creemos es lo

13

que somos y en lo que nos convertimos. El mundo entero es la proyección de nuestros pensamientos."

Nuestro sistema de creencias es tan misterioso como complejo. Hablamos y nos expresamos a través de un conjunto de creencias que se han arraigado en nosotros desde el nacimiento y viven a través de muchas creencias, algunas de las cuales forman parte de nuestros problemas subconscientes. Si usted cree que perderá sus facultades a medida que envejece, usted causa el envejecimiento prematuro en sí mismo.

Mi apuesta sería que casi todas las comunidades tienen un grupo de elementos irracionales en sus sistemas de creencias. (Si se trata de algo irracional, ese es otro tema.)

Por ejemplo, algunos de estos sistemas de creencias que vienen a mi mente, son:

-Los ejecutivos de software que parecen pensar que los métodos de desarrollo en cascada pueden producir innovaciones en ocasiones importantes.

-Los votantes que creen que sus votos individuales hacen una diferencia en la elección presidencial.

-Los padres que creen que su hijo es único y especial.

-Los inversores que dicen que se puede comercializar o superar el rendimiento medio a través de transacciones diarias.

Varios profetas sabios y personas de éxito afirman el hecho que *"Si usted cree que puede, o en cambio piensa que no puede, en cualquiera de los casos, tiene absolutamente toda la razón."*

Dice El Universo y en el Folklore Americano hay una pequeña pero significativa historia entre tribus de nativos Americanos Mohicanos:

Un abuelo y su nieto están sentados alrededor de una fogata en una noche fría, silenciosa, envuelto en ropa de abrigo y mirando las llamas saltando. En lo alto de los salientes rocosos, un gato salvaje gime fuertemente y en forma amenazante y otro gato salvaje responde a distancia. Minutos después, el viejo hace una pausa entre bocanadas a su pipa y dice: Nieto, aquí están dos gatos salvajes dentro de todo el mundo. Uno de ellos es bueno y el otro es malo.

"¿Quiénes son ellos, Abuelo? pregunta el niño interesado, curioso.

"Ellos están luchando entre sí." dice el viejo, sabio hombre.

El niño considera esto y entonces pregunta: "¿Por qué son buenos y malos?"

"La buena es tu amor, tu paz y tu verdad. La mala es tu miedo, tu ira y tus malos hábitos."

El fuego crepita y las chispas se esparcen por todas partes. El gato salvaje en la cresta se lamenta de nuevo y el abuelo fuma feliz su pipa.

Por último, el niño pregunta: "¿Quién ganará, abuelo?"

"Bueno", dice el anciano, dejando su pipa una vez más. "El que gana es aquél al que tu atiendes".

Atienda lo bueno en Ud. Conéctese a la Fuente y a Ud. se le proporcionará.

Usted se convierte en lo que más piensa. Lo que Ud. siente lo sigue, lo que usted cree se construye a su alrededor. Talvez Ud. se pregunte: Si obtenemos aquello en lo que nos concentramos, ¿por qué obtenemos gran parte de lo que no queremos? Esto se debe a que a menudo nos centramos más apasionadamente en lo que no queremos, y nuestro universo personal siempre otorga nuestras mayores pasiones. Sea muy preciso y específico sobre lo que quiere y no coloque el pensamiento en lo que no quiere. Los doble negativos no funcionan. Así que evite el "Yo no quiero estar enfermo más", sobretodo porque la palabra "enfermo" sobresale. La declaración o pensamiento ideal sería: "Yo estoy radiantemente saludable aquí y ahora y para siempre y

puedo ayudar a los demás porque poseo perfecta salud y fuerza."
Si no está satisfecho con su trabajo actual o la propia profesión
en la que está, manténgase alejado de los pensamientos de cómo
puede huir de su horrible lugar de trabajo. En cambio, visualice
un lugar de trabajo feliz, un trabajo productivo, que le da
satisfacción y le consigue recompensas en su remuneración y
reconocimiento.

He aquí el nivel más fuertemente negativo de manifestación del
proceso del pensamiento. Pensar que Ud. no es el creador de su
vida, sino una víctima de las circunstancias. Culpar a todo lo que
no sea usted por su condición, menos a Ud. mismo; tal vez al
Cielo, incluso su ascendencia familiar, destino, nacimiento,
padres, país, recesión, accidentes, enfermedades o a los líderes.
Siempre ha sido difícil. Ud. es inherentemente incapaz. Usted es
una víctima y la vida es un tormento ... ¿Es Ud. esta persona?

Tal vez sea mejor y más positivo en el siguiente nivel, más
evolucionado: Usted es a veces el fabricante de su propia vida.
Puede influir en algunos eventos, pero, fuerzas externas son
demasiado fuertes para luchar en su contra. Usted culpa a la
mayor parte de su condición en algo distinto de sí mismo. Ud.
asume algo de responsabilidad por lo que le pasa. Usted tiene
algún valor, cierto potencial. La vida es una lucha con algunos
toques de luz.... ¿Es usted así?

A diferencia de esto, vamos a subir el nivel: usted es en gran
parte el fabricante de su vida. Puede influir en la mayoría de los
eventos, aunque a veces las fuerzas externas son demasiado
grandes. Se hace responsable de la mayoría de sus acciones.
Usted pasa poco tiempo culpando a otros por acontecimientos
dolorosos. Usted es una persona valiosa con fallas. Usted tiene
un gran potencial. La vida es un desafío interesante y a menudo
agradable. ¿Está Ud. más cerca de esto?

Ahora, el más alto nivel de pensamiento: en el más alto nivel de evolución, donde la creencia es que Ud. es enteramente el fabricante de su vida. Usted es parte del gran campo de conciencia que tiene muchas aventuras y muchas realidades, incluyendo el suyo. Usted no ve su carácter terrenal como propio, sino como el de un ser espiritual conduciéndose en una forma humana evolucionada. Cada pensamiento, actitud y acción es su producto. Usted es totalmente responsable, no sólo de sus creaciones, sino su respuesta ante las mismas. Ud. nunca culpa o juzga a otros por sus experiencias. Su mérito y su valor están aumentando cada día. Su vida es una aventura maravillosa, alegre en un camino suave, parejo, con algunos altibajos, pero con muchos más todo el tiempo. ¿Está Ud. en esta etapa?

Estos son patrones de creencias. Cualquiera que sea la norma o el patrón de manifestación-creencia de su propiedad, Ud. va a crear las condiciones que probarán que Ud. está en lo correcto. Lo que usted cree continuará sucediendo para usted y en su alrededor.

La Mente manifiesta los milagros de la verdad Universal probada. Creer y aceptar el optimismo, la felicidad, la salud, el amor, la paz, la armonía, la alegría, la satisfacción, el amor propio y la autoestima y experimente todos estos elementos en abundancia una vez que decida empoderar su vida. Al crecer, fui reprendido por mis padres, lo mismo que muchos niños llegan a escuchar: "No te comportes como si todo el mundo girara a tu alrededor" De hecho, lo hace, o mejor dicho, mi mundo lo hace, y lo mismo ocurre con el suyo, Literalmente. Tal como la Física Cuántica está empezando a descubrir que hay un número infinito de mundos de energía, sus experiencias conscientes giran a su alrededor, creando todo lo que sabe, experimentando el trillón o más de células en su cuerpo y mente. Usted es el cuerpo etérico en una burbuja de energía de su creación. Dicho campo de energía interactúa con los campos de energía de los demás. Cada dirección en la que Ud. se dirige con su cuerpo, mente y aura, crea eventos y detalles de sus experiencias.

El dicho "Nos convertimos en la forma y lo que pensamos acerca de nosotros mismos" no sólo abarca nuestras experiencias prácticas, pero es tan completo como para llegar a todas las condiciones y circunstancias de nuestras vidas literalmente lo que pensamos y nuestros caracteres y patrones de vida Importe a la suma completa de todos nuestros pensamientos. Nuestros pensamientos se convierten en nuestras palabras con el tiempo, nuestras palabras se convierten en sentimientos y poco a poco nuestros sentimientos se manifiestan a lo largo de los patrones de comportamiento positivos o negativos.

Del mismo modo que las plantas crecen a partir de semillas, también lo hacen todas nuestras acciones florecen de las semillas enterradas de pensamiento, y no podría haber aparecido sin ellos. Esto se aplica por igual a aquellos actos considerados "espontáneos" y "no planificado", además de los que se ejecuta de forma deliberada.

Las acciones son brotes del pensamiento, y la felicidad y la infelicidad son sus frutos

Recibimos frutas dulces o amargos basado en el tipo de semillas que plantamos.

"Los pensamientos en sus mentes que han hecho Ud. se encuentre en el cuerpo, la mente y el espíritu. Todo lo que estamos ahora empezamos con nuestros pensamientos y terminamos con sus manifestaciones Siempre que la mente de

una persona es portadora de los malos pensamientos, el dolor sigue pronto como un resultado directo
..Whenever Aceptamos la pureza de pensamiento, la alegría sigue con tanta seguridad como cualquier ley de la naturaleza Todos nos hacemos a través de nuestro proceso de pensamiento y crear nuestras propias circunstancias. Causa y efecto es tan absoluta e inevitable en las zonas ocultas del pensamiento como en el mundo de las cosas visibles y materiales. El cuerpo humano se compone de una combinación de muchos sistemas biológicos realizados con cerca de 100 billones de células. Todos los seres humanos son únicos en la medida en que nunca hubo nadie exactamente igual, ni volverá a ser lo mismo que cada uno de nosotros y la combinación de productos, algunas buenas, otras medianas y otras malas. También fabrican las herramientas con las que construyen para sí mismos palacios celestiales de la alegría y la fuerza y la gracia. Con la elección y aplicación de los pensamientos, las personas asciende a la perfección divina; por el abuso y la aplicación incorrecta del pensamiento, que descendbelow nivel de las bestias. Entre estos dos extremos están todas las categorías de carácter, ya que las personas son sus decisiones y los maestros. Esto puede venir como una revelación profunda hasta cierto que todos tenemos dentro de nosotros mismos las materias primas y herramientas para formar de nuevo a nosotros mismos en carne y hueso como la persona que queremos ser y tener dentro de nosotros mismos los mecanismos de vivir la vida de nuestros sueños.

 Es espiritualmente edificante para realizar nuestros poderes divinos y destreza, de nuestra unidad con el Universo con el hecho de ser humano sombrero son dueños de sus destinos, que moldeamos nuestros personajes, y hacemos y dar forma a sus condiciones, el ambiente y la vida.

.A través de las leyes del pensamiento; Tales descubrimientos son totalmente una cuestión de aplicación, auto-análisis, y experiencia.

Del mismo modo que después de mucho buscar y la minería, el oro y los diamantes se encuentran, todos podemos encontrar cada verdad relacionada con nuestro ser cuando nos cavar profundamente en la mina sof nuestras almas y encontrar que hacemos a nuestros personajes y crear nuestras vidas y así construir nuestros destinos . Vamos a mejorar por ver, controlar y alterar nuestros pensamientos, trazando sus efectos sobre nosotros, los que nos rodean y sobre nuestra vida y circunstancias, la vinculación de causa y efecto por la práctica del paciente y la investigación, y la utilización de la naturaleza cada experiencia, hasta el más trivial , hecho cotidiano como un medio de obtener ese conocimiento de sí mismo que es la comprensión, el poder sabiduría. En este sentido, como en ninguna otra, es la ley es absoluta.

Las personas que buscan, siempre encuentro y los que se esfuerzan éxito; sinceros esfuerzos son recompensados, porque con el foco, la dedicación y consistentes escrituras sueños y deseos se manifiestan.

Capitulo dos

por siglos ingenieros y científicos se han centrado únicamente en descubrir lo que puede ser observado y calculado. La idea de que los pensamientos tienen el poder no es científicamente aceptable. Sin embargo, los hechos son que los pensamientos hacen mover las partículas subatómicas alrededor de nuestro cerebro y nuestro sistema nervioso. Así, a pesar de que cada neurona en el cerebro hasta ahora, no puede ser visto y seguido, el flujo de las neuronas se realiza un seguimiento en la RM (resonancia magnética) equipos. un flujo medible tal de neuronas tiene un patrón bien definido y previsible de la actividad y que se enciende o "fuego-up" en respuesta a las funciones corporales internos o estímulos externos que a su vez efectos niveles de flujo sanguíneo y de oxígeno en sangre medibles con precisión. La sofisticación en las mediciones científicas neurológicos sigue evolucionando y mejorando, los estudios ahora revelan cambios en el comportamiento de los productos químicos que se unen las neuronas.

Hay una base de células de neurotransmisores en el cerebro statingthat están escuchando a sus pensamientos y recogiendo los sentimientos dentro de la cual se producen sus pensamientos, lo que lleva a la conclusión de que los pensamientos hacen cambiar las funciones del cuerpo y los resultados de vida. Ahora que lo pienso antigua sabiduría de Arquímedes, quien dijo: "Dame una palanca larga y fuerte, un punto de apoyo y un punto de apoyo y moveré la tierra" de los siglos grandiosos. Eso fue no sólo la ley de la física sino también la ley del pensamiento positivo. Su hablando de mover la tierra en ese momento? ¿Cuánto más puede el cerebro con los avances científicos imaginar en la actualidad? Re-organización de las galaxias distantes?

¿Se ha preguntado por qué nos sentimos indefensos, a veces cuando leemos o escuchamos noticias sobre algunos dictadores que dominan sus ciudadanos? Sin embargo existe una defensa fácil acceso que va más allá de armamento del gobierno y sólo requiere el esfuerzo de usar. Dentro de nosotros es el poder de nuestra mente humana. Un reciente estudio de investigación se centra en el poder de atracción para crear riqueza. Contrariamente a lo que muchos piensan, la acumulación de riqueza no es nuestro objetivo más importante .Using recursos monetarios y otros para la paz, la mejora del nivel de vida a través de fronteras y controlar el calentamiento global son asuntos más importantes que el futuro de todo el mundo está en juego.

La mente humana es como un jardín, que puede ser cultivada o dejarlo funcionar salvaje pensativo; pero si cultiva o descuidado, que va a crecer y tomar forma Si no se siembran semillas útiles en él, a continuación, una abundancia de hierba mala semillas se extenderá dentro y seguirá produciendo muchas malezas .Sin embargo semillas de calidad se traducirá en hermosas flores y cosechas .

Del mismo modo que los jardineros cultivan sus jardines,

manteniéndolos libres de malas hierbas y flores y frutas que se planean para el cultivo, por lo que puede que atender el jardín de su mente, eliminar a todos los pensamientos erróneos, inútiles, e impuros y cultivar selectivamente flores y frutas de pensamientos correctos útiles y puros. Al llevar a cabo este proceso, que tarde o temprano descubre que usted es el jardinero maestro de su alma, el controllerof su vida. Dentro de ti mismo se dará cuenta de las leyes del pensamiento y comprender con precisión, cómo las fuerzas de pensamiento y patrones de la mente fluyen a través de la formación de su carácter, el destino y las circunstancias, el pensamiento de carácter y el carácter están alineados y el carácter sincero sólo puede manifestarse a través de medio ambiente y circunstancia, siempre se encontrará las condiciones externas de la vida de una persona que coordinarse con su / su estado interior. Esto no quiere decir que las circunstancias de una persona en un momento dado son un signo de todo su carácter, sino que estas circunstancias están tan íntimamente conectadas con algún pensamiento-elementos vitales dentro de sí mismo que, por el momento, que son indispensables para su desarrollo. Por la ley de nuestro ser, somos dónde y cómo estamos viviendo = integrado en nuestros personajes, pensamientos hemos nos llevó allí, y en la disposición de nuestras vidas allí no hay elementos de azar, pero todo es el resultado de una ley que es preciso y que todo lo penctra. Esto es igualmente cierto para aquellos que se sienten "fuera de armonía" con su entorno como son los que están satisfechos con ellos mismos.

Como progresiva y seres en evolución, se nos pone donde estamos para que podamos aprender que podemos crecer; y al aprender las lecciones espirituales que se aplican a nuestra circunstancia tiene para nosotros, las experiencias evolucionan dando paso a nuevas experiencias.

En cualquier momento, si se siente golpeado por circunstancias será siempre y cuando se creen que son criaturas de las condiciones externas, agitar a sí mismo para darse cuenta que son sus poderes creativos, y que puede manejar las tierras y las semillas de su ser las que las circunstancias crecen, se convierten entonces en sus amos legítimos.

Dado que las circunstancias nacen de los pensamientos de los hombres sabe que tiene para cualquier periodo de tiempo practica el autocontrol y la auto-purificación, porque se habrá dado cuenta de que la alteración en sus circunstancias ha estado en proporción exacta con la alteración de su estado mental. Tan cierto es que cuando un hombre tenazmente se dedica a subsanar los defectos de su carácter, y hace progreso rápido y marcado, que pasa rápidamente por una sucesión de cambios de vida marcadas.

El alma atrae aquello que secretamente alberga; lo que ama, y lo que se teme; que llega a la altura de sus aspiraciones preciados; se cae al nivel de sus deseos castigado, - y las circunstancias son los medios por los que el alma recibe su propio.

Cada semilla de pensamiento sembrado dejado caer en la mente, y para echar raíces allí, produce su propia, floreciendo tarde o temprano en acciones, y teniendo su propia cosecha de oportunidades y circunstancia. Buenos pensamientos producen buenos frutos, malos pensamientos malos frutos.

El mundo exterior de la circunstancia da forma al mundo interno de los pensamientos, y las condiciones externas, tanto agradables y desagradables, son factores que hacen para el bien último del individuo. A medida que el segador de su propia cosecha, el hombre aprende tanto por el sufrimiento y la felicidad.

Tras la más íntimos deseos, aspiraciones, pensamientos, por el que se deja dominar, (perseguir hilos de la imaginación impura o caminar el camino de elevadas aspiraciones firmemente), un hombre, por fin llega a su cumplimiento en las condiciones externas de su vida. Las leyes del crecimiento y el ajuste de todo el mundo obtiene.

Un hombre no llega a la corte o la cárcel por la tiranía del destino o las circunstancias, sino por la vía de pensamientos serviles y bajos deseos. Tampoco un hombre de mente puros de repente en el delito por el estrés de cualquier mera fuerza externa; pensamientos criminales han sido secretamente albergados en el corazón, y la hora de la oportunidad revela su poder reunido. Las circunstancias no hacen al hombre; ellos le revelan a sí mismo No puede existir condición tal como descender en el vicio y sufre por sus inclinaciones viciosas de, o ascender en la virtud y su felicidad pura sin el cultivo de las aspiraciones virtuosas; y el hombre, por lo tanto, como el amo y señor del pensamiento, es el hacedor de sí mismo y el autor de su entorno. Incluso al nacer el alma llega a su propia y en cada paso de su peregrinación atrac aquellas combinaciones de condiciones que revelan en sí, que son el reflejo de su propia pureza y la impureza, su fortaleza y debilidad.

La gente no atraen aquello que quieren, sino lo que son. Sus caprichos, fantasías y ambiciones se frustran a cada paso, pero sus íntimos pensamientos y deseos se alimentan con sus propios alimentos, sean estos sucios o limpios. La "divinidad que da forma a nuestros fines" está en nosotros mismos; Es para nosotros un auto. En resumen, se puede grillete sí mismo o se fija libre: el pensamiento y la acción son los carceleros del destino - que apresan, si son de base; también son los ángeles de la libertad - que liberan, si son nobles. No es lo que él desea y reza por no llegar a un hombre, pero lo que gana con justicia. Sus deseos y oraciones son solamente satisfechos y respondieron cuando armonizan con sus pensamientos y acciones.

A la luz de esta verdad, lo que, entonces, es el significado de "la lucha contra las circunstancias?" Esto significa que un hombre es repugnante continuamente contra el efecto exterior, mientras que todo el tiempo está nutriendo y preservando la causa en su corazón. Esa causa puede tomar la forma de un vicio consciente o inconsciente una debilidad; pero sea lo que sea, tercamente retarda los esfuerzos de su poseedor, y por lo tanto clama por una cura.

La gente está ansiosa de mejorar sus circunstancias, pero no están dispuestos a mejorarse a sí mismos; por lo tanto se mantienen unidos. Los que no retrocede ante los incesantes esfuerzos no se puede dejar de cumplir la cuyo único objetivo es alcanzar prosperidad debe estar preparado para hacer grandes sacrificios personales antes de que pueda lograr su objetivo; y cuánto más para que él / ella se da cuenta de que lo haría una vida fuerte y aplomada?

 base de la verdadera prosperidad, y no sólo es totalmente pensamientos unfitted para salir de su miseria, pero en realidad está atrayendo a sí mismo una miseria aún más profunda por la vivienda, y que actúan a cabo, indolentes, engañosas y cobardes.
.

Hay varias normas que los seres humanos pueden compararse en términos de cuánto se toma la responsabilidad por la persona la verdad de que el hombre es el causante (aunque casi siempre es inconsciente) de sus circunstancias, y que, si bien el objetivo de un buen fin, que es frustrante continuamente su realización mediante el fomento de pensamientos y deseos que no es posible que armonizar con ese fin. Tales casos podrían multiplicarse y variado casi indefinidamente, pero esto no es necesario, ya que el lector puede, si así lo resuelve, rastrear la acción de las leyes del pensamiento en su propia mente y la vida, y hasta que esto se hace, meros hechos externos no puede servir como motivo de razonamiento.

Las circunstancias, sin embargo, son tan complicados, pensamiento está tan profundamente arraigada, y las condiciones de la felicidad varían, enormemente con los individuos, que toda alma la condición de un hombre (aunque puede ser conocido a sí mismo) no puede ser juzgado por otro desde el exterior los aspectos de su vida solo. Un hombre puede ser honesto en ciertas direcciones, sin embargo, sufren privaciones; un hombre puede ser deshonesto en ciertas direcciones, sin embargo, adquirir riquezas; pero la conclusión general de que el primero hombre fracasa debido a su particular honestidad, y que los otros prospera debido a su falta de honradez en particular, es el resultado de un juicio superficial, lo que supone que el hombre deshonesto es corrupto casi por completo, y el hombre honesto casi enteramente virtuoso. A la luz de un conocimiento y una experiencia más amplia tal juicio más profundo se encuentra que es errónea. El deshonesto puede tener algunas virtudes admirables, que el otro no, no posee; Y el hombre vicios dañinos honestos que están ausentes en el otro. El hombre honesto cosecha los buenos resultados de sus pensamientos y actos honestos; También trae sobre sí el sufrimiento, que producen sus vicios. El deshonesto del mismo modo cosecha su propio sufrimiento y la felicidad.

Es agradable a la vanidad humana para creer que uno sufre por causa de su virtud; pero no hasta que un hombre ha extirpado cada pensamiento malsano, amargo e impuro de su mente, y se lava toda mancha de pecado de su alma, ¿puede estar en un lugar para conocer y declarar que sus sufrimientos son el resultado de su bien, y no de sus malas cualidades; y en el camino a, sin embargo, mucho antes de que haya alcanzado, que la perfección suprema, él habrá encontrado funcionando en su mente y la vida, la Gran Ley que es absolutamente justo, y que no puede, por lo tanto, dar bien por mal, el mal de bueno. Posesión de tal conocimiento, él sabrá entonces, mirando hacia atrás en su pasada ignorancia y ceguera, que su vida es, y siempre fue, justamente ordenado, y que todas sus experiencias pasadas, buenas y malas fueron fruto imparcial de su evolución, auto aún no evolucionados.

Los buenos pensamientos y acciones no pueden producir malos resultados; malos pensamientos y acciones no pueden producir buenos resultados. Esto no es más que afirmar que no puede venir de maíz, pero el maíz, u ortiga de la ortiga. El hombre entiende esto en el mundo natural, y trabajar con ella; pero pocos lo entienden en el mundo mental y moral (aunque esta operación es tan simple y sin desviaciones), y que, por lo tanto, no cooperar con él.

El sufrimiento es siempre el efecto del pensamiento equivocado en alguna dirección. Es una indicación de que el individuo no está en armonía consigo mismo, con la ley de su ser. El uso único y supremo del sufrimiento es purificar, para quemar todo lo que es inútil e impuro. El sufrimiento cesa para quien es puro. No podía haber sentido en quemar el oro después de la escoria se ha retirado, y un ser perfectamente puro y iluminado no puede sufrir.

Las circunstancias, que un hombre encuentra con el sufrimiento, son el resultado de su propia mental en armonía. Las circunstancias, que una persona encuentra con la buenaventura, son el resultado de su propia armonía mental. Beatitud, no las posesiones materiales, es la medida del pensamiento correcto; infelicidad, no la falta de bienes materiales, es la medida del pensamiento equivocado. Un hombre puede ser una maldición y rica; puede ser bendito y pobre. Bienaventuranza y riqueza sólo se juntan cuando la riqueza son utilizados correctamente y con sabiduría; y el pobre hombre sólo se desciende a la miseria cuando considera su destino como una carga impuesta injustamente.

trastorno mental. Un hombre no está correctamente adaptado hasta que es un ser feliz, saludable y próspero; y la felicidad, la salud y la prosperidad son el resultado de la armonía entre su mundo interno y externo, del hombre con su entorno.

Una persona sólo comienza a tener cuando se deja de lamentarse y quejarse, y comienza a buscar la justicia oculta que gobierna su vida. Y a medida que se adapta a su mente que la razón de regulación, cesa de acusar a los demás como la causa de su condición, y construye sí mismo con pensamientos nobles y fuertes; deja de patalear contra las circunstancias, sino que comienza a utilizarlas como ayuda para su progreso más rápido, y como medio para descubrir el poder y las posibilidades ocultas dentro de sí mismo.

Ley, no confusión, es el principio dominante en el universo; justicia, no injusticia, es el alma y la esencia de la vida; y la justicia, no la corrupción, es la fuerza moldeadora y motivadora que gobierna el espíritu del mundo. Siendo esto así, el hombre ha corregirse a sí mismo, pero al descubrir que el universo funciona correctamente; y durante el proceso de ponerse derecho encontrará que mientras cambia sus pensamientos respecto a las situaciones y personas, situaciones y la gente cambiarán respecto a él.

La prueba de esta verdad está en cada persona, y por ello puede verificarse fácilmente mediante una introspección sistemática y el autoanálisis. Cambie un hombre radicalmente sus pensamientos, y él se asombrará de la rápida transformación que efectuar en las condiciones materiales de su vida. Los hombres se imaginan que el pensamiento puede ser mantenido en secreto, pero las circunstancias de la miseria y la enfermedad son: pensamientos impuros de todo tipo se cristalizan en hábitos de enervantes y confusas, que toman forma de circunstancias de distracción y negativos: pensamientos de miedo, la duda y la indecisión se cristalizan en débil, poco viril y los hábitos de indecisos, que toman forma de circunstancias de fracaso, indigencia, y dependencia servil: pensamientos perezosos cristalizan en hábitos de desaseo y deshonestidad, que toman forma de circunstancias de inmundicia y mendicidad: pensamientos de odio y condena se cristalizan en hábitos de acusación y violencia, que toman forma de circunstancias de la lesión y la persecución: pensamientos egoístas de todo tipo se cristalizan en hábitos de auto-búsqueda, que toman forma de circunstancias más o menos angustiante. Por otro lado, bellos pensamientos de todo tipo se cristalizan en hábitos de gracia y bondad, que toman forma de circunstancias de felicidad y cordialidad: pensamientos puros se cristalizan en hábitos de templanza y autocontrol, que toman forma de circunstancias de reposo y la paz: pensamientos de coraje , la autosuficiencia, y la decisión se cristalizan en hábitos de hombres, que toman forma de circunstancias de éxito, abundancia, y la libertad: pensamientos energéticos se cristalizan en hábitos de limpieza y la industria, que toman forma de circunstancias de agradabilidad: pensamientos suaves y perdonar cristalizan en hábitos de dulzura , que toman forma de circunstancias de protección y conservantes: amor y pensamientos desinteresados cristalizan en hábitos de olvido de sí mismo a los demás, que toman forma de circunstancias de prosperidad y perdurable y riqueza verdadera.

Un tren particular de pensamiento persistió en, ya sea bueno o malo, no puede dejar de producir sus resultados en el carácter y las circunstancias. Un hombre no puede escoger directamente sus circunstancias, pero puede escoger sus pensamientos, y así, indirectamente, pero sin duda, dar forma a sus circunstancias.

La naturaleza ayuda a cada uno a la satisfacción de los pensamientos, el que más anima, y las oportunidades se presentan que muy rápidamente traer a la superficie tanto de los pensamientos buenos y malos.

Deje que un hombre cesa de sus pensamientos pecaminosos, y todo el mundo va a suavizar hacia él, y estar listo para ayudarlo; Que ponga sus pensamientos lejos débilmente y enfermizos, y he aquí, las oportunidades brota en cada mano para ayudarlo en sus resoluciones; deje que motive buenos pensamientos, y ninguna fatalidad que lo ate a la miseria y la vergüenza. El mundo es tu caleidoscopio, y las combinaciones de colores diferentes, que en cada momento te presenta son las imágenes exquisitamente ajustadas de tus pensamientos siempre en movimiento.

"Por lo que será lo que quiera que sea, vamos a encontrar el fracaso de su contenido falso En ese pobre palabra," medio ambiente "Pero el espíritu que desprecia, y es gratuito.

"Es maestros tiempo, se conquista el espacio, sino que las vacas posibilidad de que tramposo jactanciosa, y las ofertas adieu al tirano circunstancia, y da la bienvenida a la voluntad humana y determinación para tener éxito.

"La voluntad humana, de que la fuerza invisible, La descendencia de un alma inmortal, puede labrar un camino para cualquier objetivo, aunque las paredes de granito intervienen.

"No te impacientes a retrasos Pero espera como uno que entiende; Cuando el espíritu se eleva y los comandos Los dioses están dispuestos a obedecer."

Capítulo tres

Tom rara vez se enferma. Y cuando lo hace, casi no se puede contar. Esto se debe a que no se queja, sino que reaffirmsshe'll estar en buena forma "el sueño de afteragood noche."

Bob, sin embargo, es diferente, ya que se supone que cualquier resfriado es un signo de una terrible enfermedad con un resultado oscuro.

No hace falta decir, Bob se enferma más a menudo que Tom y sufre mucho más que él. Una razón de sus diferencias quizás puede ser que sus sistemas inmunológicos. Sin embargo, un factor igualmente importante, concluyen los estudios de investigación, son su attitudes..one optimista y otro pesimista.

De acuerdo con un informe publicado recientemente auténtica en el Instituto Australiano de Salud Diario.

Se ha confirmado que se puede acelerar la curación imaginando las partes afectadas cada vez mejor. El mejor usted está en la visualización, mayor será el efecto. Así que la próxima vez que venga abajo con un resfriado o gripe, imagínese los pulmones y los senos de compensación. Imagine la inflamación. reductor. Imagínese sentirse mejor. Se puede, con toda probabilidad, será mejor que llegar (Tal es el poder de la autosugestión)

La teoría de la "mente sobre la materia" se ha demostrado de nuevo 1990 en adelante s en varios centros de investigación Una serie de estudios se utilizaron pastillas de placebo administrados a los pacientes diabéticos y pacientes con depresión que mejoró con la expectativa de obtener mejor como ifmedications surtieron efecto como prescrito con que conduce la mente en el camino para que el cuerpo siga y así las últimas direcciones obedece a partir de la mente, ya sea que se expresan inconscientemente o explícitamente. Cuando los pensamientos son restrictivas desagradable y negativo, su salud sufre con dolencias y enfermedades Al recibir comandos llenos de pensamientos optimistas y alegres nuestros cuerpos brillan con la belleza y la juventud.

Salud y la enfermedad, al igual que las circunstancias, tienen sus raíces en el pensamiento. pensamientos enfermizos se expresan a través de un cuerpo enfermo. Pensamientos de miedo se han sabido para matar a un hombre con tanta seguridad como un arma y continuamente matan a miles de personas en todo el tiempo, algunos quizá lentamente. Las personas que viven con el temor de la enfermedad son las personas que la contraen. La ansiedad rápidamente debilita el cuerpo, y lo deja expuesto a la, entrada de la enfermedad ;. Del mismo modo, los pensamientos impuros constantemente llevan a cabo, con el tiempo se rompen el sistema nervioso.

pensamientos fuertes, puros y felices construyen el cuerpo con vigor, el encanto y la gracia. El cuerpo es un instrumento delicado y flexible, que responde rápidamente a los pensamientos a los que está expuesto y patrones de pensamiento y producen sus propios efectos, buenos o malos, de cualquier forma.

Los seres humanos seguirán teniendo sangre impura y envenenada, siempre que fomentan pensamientos impuros. De un corazón limpio viene una vida limpia y un cuerpo limpio. De una mente corrupta, un pensamiento impuro cuerpo es la fuente de la acción, la vida, y la manifestación; construye una fuente pura, y todo será puro, radiante y saludable

Recuerde, simplemente cambiando su dieta no le ayudará si usted no cambia sus pensamientos. Cuando una persona hace sus pensamientos puros, él / ella ya no desea comida impura.

pensamientos limpios hacen hábitos de limpieza. El llamado santo que no se lava su cuerpo no es un santo. El que se ha fortalecido y purificado sus pensamientos no necesita considerar los microbios peligrosos.

La mejor manera de proteger su cuerpo es para proteger su mente todo el tiempo. Si desea renovar su cuerpo, simplemente embellecer su mente. Pensamientos de malicia, la envidia, la desilusión, la desesperación robar el cuerpo de su salud y gracia. Una cara amarga no viene por casualidad; se hace por pensamientos amargos. Las arrugas que marcan un cuerpo son creados por la necedad, el desprecio y el comportamiento significan.

He conocido a algunas mujeres en sus años noventa que tienen las caras brillantes, inocentes de las niñas. Conozco a un hombre muy por debajo de la mediana edad, cuyo rostro está dibujado en contornos inarmónica. El primero es el resultado de una disposición dulce, positivo y soleado; este último es el resultado de la depresión y el descontento.

 Al igual que no se puede tener un dulce y sana a menos que dejar que entre aire fresco y el sol libremente en sus habitaciones, s también un cuerpo fuerte y un semblante brillante, feliz, o sereno sólo puede ser el resultado de la entrada libre en la corriente de pensamientos de alegría y la buena voluntad y la serenidad.

En algunas caras de algunos ancianos hay arrugas hechas por simpatía, otros por el pensamiento fuerte y puro, sin embargo, otros son tallados por la insatisfacción. Es fácil distinguirlos, con los que han vivido con rectitud, la edad es tranquila, pacífica, y suavemente suavizado, al igual que el sol poniente. Recientemente he visto un filósofo en su lecho de muerte. Él no era viejo, salvo en años. Murió tan dulce y pacíficamente como había vivido.

No hay médico como los pensamientos alegres constantes para negar los males del cuerpo; Buen humor y alegría son los mejores remedios para dispersar las sombras de dolor y tristeza. Para vivir continuamente en pensamientos de mala voluntad, el cinismo, la desconfianza y la envidia, debe ser confinado en una celda de prisión hecho a sí mismo. Pero pensar bien de todo, ser alegre, con todo, para aprender con paciencia para encontrar lo bueno en todos - estos pensamientos desinteresados son las mismas puertas del cielo; y vivir día a día en pensamientos de paz hacia toda criatura traerá abundando la paz a todos los que las poseen. La práctica de la meditación con regularidad ayuda a las personas a mantener un equilibrio armonioso entre la mente, cuerpo y espíritu y tal armonía es un estado último para todo el mundo para llevar una vida plena

Durante la meditación se encuentra su mente que trasciende lo profundo de lo que resulta en la conciencia que eleva. impresiones profundas, pensamientos se liberan como resultado de revitalización. Con el tiempo, repitiendo el proceso una y otra vez, uno puede sentirse con energía, fresca, renovada y con poder.

Capítulo cuatro

Hasta el momento, sus pensamientos están directamente vinculados con el propósito no hay logros significativos. Muchas personas permiten que sus pensamientos a "la deriva y sin dirección. Al no tener sentido o en peligro solo conduce a la gente después de un laberinto de caminos poco claras y sin ninguna claridad de destino y propósito.

Lo mejor es tener una visión clara a largo plazo o un propósito para su vida en su mente y comenzar a trabajar para lograrlo. Así que pgoals el principal y el enfoque de sus pensamientos. Podrían beinspirational o ideales espirituales o pueden ser objetos materiales, dependingonyour naturaleza en certainphases de su vida .; pero lo que usted espera y nos esforzamos por objetivo centrarse de manera constante sus fuerzas de pensamiento en las metas que se ha puesto delante de ti mismo. De hecho todos nosotros deberíamos hacer que nuestros objetivos nuestra prioridad para la vida, y tomar acciones para alcanzarlos distracciones y haciendo caso omiso de los acontecimientos al azar que nos desanime.
Incluso con un sentido de enfoque y un camino claro hacia el éxito, los factores externos pueden hacer fracasar los planes más cuidadosamente trazados. Por lo tanto, usted debe seguir siendo impulsado y fuerte mentalmente mientras mira para lograr sus

objetivos, como usted adopta un punto de vista pragmático y prepararse para cualquier eventualidad que en última instancia puede recompensar a sus ambiciones.

Ya se trate de rutina, metas más pequeñas o una magnífica ambición de por vida, a visualizar el alcanzar de ellos y recibir el elogio de otros para ser un ganador. Visualización y afirmaciones positivas le ayudará a generar la mentalidad ganadora y el suministro de toda la energía que necesita. Mantener la concentración, le dan todo lo que tienes y persistir hasta alcanzar sus objetivos.

El alma más débil, que conoce su propia debilidad, y creyendo esta verdad que la fuerza sólo puede ser desarrollada por el esfuerzo y la práctica, será, por tanto, creer, a la vez comienzan a ejercer en sí, y, añadiendo esfuerzo por el esfuerzo, la paciencia a la paciencia, y la fuerza para fuerza, nunca dejará de desarrollar, y que por fin crecer strong.Believe por Dios en la realidad de sus sueños y que será realidad algún día.

Una de las mejores habilidades que podemos adquirir es de encontrar un trabajo que nos excita, hace que nuestros corazones cantar y disfrutar de la experiencia de hacerlo a la medida de nuestras posibilidades. Ama lo que haces y encontrará trabajo cumplimiento.

La voluntad de hacer resortes de saber que podemos hacerlo. "Podemos hacerlo, sí podemos" lema hecho maravillas para Obama y lo tiene que ser thePresident.

El propósito de la vida es encontrar un motivo para vivir y no sólo mantenerse con vida. Tenemos toda la natalidad llevado a vivir nuestra mayor propósito y lograr de nuestra más alta self.It nunca es demasiado tarde; reorganizarse, re-equipar y dar un nuevo impulso para pensar acerca de cómo y hacer todo lo posible para el mayor bien.

capítulo Cinco

Los pensamientos son transmisores de nuestras intenciones que crean nuestra reality.it se ha demostrado en múltiples puntos de tiempo y lugares que si nos pasamos suficiente tiempo buscando el sentido de la vida y mirando a través de los escritos de auto desarrollo que nuestros pensamientos crean nuestro mundo. Esta no es una hipótesis, porque toda ella puede apoyarse científicamente como exacta. Inicialmente wmay ser escépticos y puede haber dudas al respecto ... ¿Cómo puede alguien convertirse en un millonario en un corto tiempo. O simplemente hinking sobre cómo obtener su piña pelada desde luego no parece que sea la cáscara sí mismo, por lo que en un primer momento, aunque todo esto parece infundada y poco práctico.

Sin embargo, mantenga en este tema para un whileWhen que encienda la televisión y la radio, imágenes y sonidos parecen venir de la nada. ¿No suena bastante increíble también? Y sin embargo, se llega a ver todas esas imágenes y escuchar el sonido y la música ciertamente no hay tubos o entradas que conectan la radio o la televisión en cualquier otra cosa AreThere. Usted acaba de encenderlo, y bueno, hay sonidos imágenesy. Sin duda, es una cosa real aún no parece estar relacionada de forma visible.

"Sí, pero es alimentado por electricidad y hay cátodo proyectar fotones o LCDs," uno maysay, "Hay todo tipo de electrones que bombardean la pantalla, liberando energía para crear las imágenes que vemos. Por otro lado, alguien usa algo de electricidad (u otra forma de energía) para alimentar su transmisor, causó algunas ondas electromagnéticas, y su receptor en su TV / radio recibe esas señales y las convierte. "En resumen, en la que sucede algo de energía, algunas olas pasan, y hacia fuera viene un asunto muy lejos!

A destacar, por lo tanto, lo que ocurre cuando se piensa acerca de esto? Sus pensamientos son ondas también! Dado que no entendemos completamente cómo funciona nuestro cerebro, no es posible que una parte del cerebro es un transmisor que funciona con la energía de nuestro cuerpo, y envía ondas de pensamiento? Después de todo, no se sabe muy bien cómo funciona el pensamiento, ya sea! Tal vez, dependiendo del receptor en el otro extremo, las olas son de alguna manera convertidos en cuestión, y si se crean resultados de pensamiento en materia física real, a continuación, hace que no q se reducen a nuestros pensamientos crean nuestra realidad?

Todo lo que se puede lograr y todo lo que usted no puede alcanzar es el resultado directo de sus propios pensamientos. En un universo perfecto funcionamiento y, donde la pérdida de equilibrio tendría repercusiones negativas, la responsabilidad individual debe ser absoluta. Su debilidad y fuerza, la pureza y la impureza, son suyas, y no otro 's; que son provocados por sí mismo, y y sólo pueden ser alterados por sí mismo su condición también es la suya, y no de otro hombre. Su sufrimiento y su felicidad son evolucionado desde dentro. Como él cree, por lo que es; mientras se sigue pensando, por lo que permanece.

Una persona fuerte no puede ayudar a una más débil a menos que la más débil está dispuesto a ser ayudado, e incluso entonces la persona débil debe ser fuerte de sí mismo; él debe, por su propio esfuerzo, desarrollar la fuerza que él admira en otro. Nadie más que a sí mismo todos somos autosuficientes para mejorar nosotros mismos.

Ha sido habitual para los hombres a pensar y decir, "Muchos hombres son esclavos porque uno es un opresor; permiten odiemos al opresor." Ahora, sin embargo, no se encuentra entre st un aumento de unos pocos una tendencia a revertir este juicio, y decir: "Un hombre es un opresor porque muchos son esclavos, vamos a despreciar a los esclavos."

La verdad es que el opresor y el esclavo son cooperadores en la ignorancia, y, al tiempo que parece afligir entre sí, son en la realidad que afecta a ellos mismos. Un conocimiento perfecto percibe la acción de la ley en la debilidad de los oprimidos y el poder mal aplicado del opresor; un amor perfecto, al ver el sufrimiento, que implican ambos estados, ni condena; una compasión perfecta abarca tanto el opresor y oprimido.

El que ha conquistado debilidad, y ha puesto todos los pensamientos egoístas, pertenece a opresores ni oprimidos. Él es libre.

Un hombre sólo puede elevarse, conquistar, y lograr levantando sus pensamientos. Lo único que puede seguir siendo débil, y abyecta y miserable al negarse a levantar sus pensamientos.

Antes de que un hombre puede lograr cualquier cosa, incluso en las cosas del mundo, tiene que elevar sus pensamientos por encima de la indulgencia de los animales servil. Él no puede, con el fin de tener éxito, renunciar a toda la negatividad y el egoísmo, por cualquier medio; pero una parte de ella debe, al menos, ser sacrificado. Un hombre cuyo primer pensamiento es bestial indulgencia ni podía pensar con claridad ni planear metódicamente; no pudo encontrar y desarrollar sus recursos latentes, y fracasaría en cualquier empresa. No haber comenzado a controlar virilmente sus pensamientos, él no está en condiciones de controlar los asuntos y adoptar responsabilidades serias. Él no está en condiciones de actuar de forma independiente y estar solo. Pero él sólo está limitado por los pensamientos, que él elija.

Los logros intelectuales son el resultado del pensamiento consagrado a la búsqueda del conocimiento, o por lo bello y verdadero en la vida y la naturaleza. Tales logros pueden ser conectados a veces con la vanidad y la ambición, pero no son el resultado de esas características; que son el resultado natural de un esfuerzo largo y arduo, y de pensamientos puros y desinteresados.

logros espirituales son la consumación de aspiraciones santas. El que vive constantemente en la concepción de pensamientos nobles y elevados, que habita en todo lo que es puro y desinteresado, será, tan cierto como que el sol alcanza su cenit y la luna su pleno, a ser sabio y noble de carácter, y se levanta en una posición de influencia y bendición.

Logro, del tipo que sea, es la corona del esfuerzo, la diadema de pensamiento. Con la ayuda de autocontrol, resolución, pureza, justicia y bien dirigido pensó que un hombre asciende; con la ayuda de la negatividad, la indolencia, la impureza, la corrupción, y la confusión del pensamiento un hombre desciende.

Un hombre puede elevarse a mayor éxito en el mundo, e incluso a altitudes más elevadas en el ámbito espiritual, y de nuevo descender a la debilidad y la miseria al permitir que pensamientos arrogantes, egoístas y corruptos para tomar posesión de él.

Victorias alcanzadas por el pensamiento derecho sólo pueden mantenerse mediante la vigilancia. Muchos dan forma cuando el éxito está asegurado, y rápidamente vuelven a caer en el fracaso.

Todos los logros, ya sea en el negocio, intelectual, o el mundo espiritual, son el resultado del pensamiento dirigido definitivamente, se rigen por la misma ley y que sean del mismo método; la única diferencia radica en el objetivo de alcanzar.

Las personas que eligen para poner en un esfuerzo mínimo puede esperar correspondientes prestaciones más bajas. Los que practican sistemáticamente capacitación del uno mismo con optimismo experimentarán aumentos en la felicidad, la salud, el éxito ans toda bondad que deseaban.

capítulo Seis

Logros se pueden dividir en varios pasos. Lo que puede parecer espectacular y aparentemente imposible se vuelve relativamente simple si se utiliza el paso múltiple methodologyto lograr sus objetivos: En primer lugar soñar con ellas en feliz, cuidar y formas de amor. Sueño de metas edificantes que son significativos para usted y quizás algo significativo para los demás, así .Dreams se originan en el ámbito interno de la mente y lo mejor es que tranquilo la charla externa y las distracciones, tranquilizar su mente y que a veces puede ver el gran visión para su vida, el gran propósito para el que nacieron. Siga hasta que con las creencias de su poder para lograr sus objetivos y en esta etapa no deje que su mente racional asumir el control con facilidad o howdifficult sus objetivos parecen ser, a fin de mantener un flujo libre y flexible. mentalidad optimista. El tercer paso es verlos materializar y creer con todo tu corazón que son posibles sus objetivos al igual que muchas personas se ven deportes en sus mentes de los ojos de conducción que swing perfecto o completar sus rutinas deportivas con la perfección. Para pensar en algunos ejemplos de logros de alta objetivo, su visión mental puede ir desde algo como recibir el Premio Nobel en su especialidad y profesión, o su realización como una celebridad súper estrella de rock en anfiteatros más grandes del mundo o dirigir sus operaciones filántropo a través de la globo con sus recursos ilimitados o tal vez el control de su imperio de negocios $ 50 millones de dólares con las operaciones comerciales que atienden a millones de personas en todo el mundo. O elegir cualquiera que sea su interés y pasión le haya indicado.

Los soñadores son los salvadores del mundo. A medida que el mundo visible se sustenta en lo invisible, también lo hacen algunas personas viven vidas ilustres a través de magníficas visiones mientras que otros pasan por la vida mundana con el pensamiento restringido. La humanidad ha puesto de relieve sus soñadores largo de los siglos; no va a dejar que sus ambiciones ideales languidecen y mueren .Es vive en ellos, se los conoce como se dan cuenta de que por elevado sus objetivos, que son capaces y algún día ellos darse cuenta. Así visualizar sus objetivos, claramente en el ojo de su mente, verse a sí mismo el logro de sus objetivos, compartir estos objetivos con un grupo cercano de la gente. El acto de compartir con un grupo muy cerca refuerza su compromiso y cómo va a llevar a todos los recursos para influir en sus proyectos. Los tres últimos pasos son la planificación, trabajando en ellos meticulosamente y esto es importante disfrutar de sus experiencias a lo largo de todo el proceso.

Las personas creativas como poetas, autores, compositores, escultores, pintores, poetas, profetas, sabios, entre otros, son los responsables de los post-mundo-los arquitectos del cielo. El mundo se enriquece hermosa porque han vivido, ya que sin ellos la laboriosa humanidad sería monótona, aburrida y poco creativo.

Todos aquellos que aprecian, hermosas visiones nobles, altos ideales en sus corazones, algún día se dan cuenta. Benjamin Franklin promovió la conexión entre los rayos y la electricidad y por lo tanto lo descubrió; Los hermanos Wright visioned una máquina capaz de volar y hacen el primer avión para volar con seguridad. Buda (el iluminado) llevó a cabo la visión de un mundo espiritual de la belleza prístina y la paz perfecta, y entró en el estado de iluminación.

Acariciar sus visiones; acariciar sus ideales; apreciar la música que se agita en su corazón, la belleza que se forma en su mente, la lperfection que da forma a sus pensamientos más puros, porque de ellos crecerá todas las magníficas condiciones, el ambiente verdaderamente divina y un mundo lleno de luminosidad y belleza, siempre y cuando permanecer fiel a sus pensamientos puros.

Para el deseo es obtener; soñar es, lograr.

Las Escrituras han declarado estos en las obras edificantes: "Pedid y recibiréis, para que todo el que pide recibe Llamad y se os abrirá a ti Buscad y hallaréis Nada se le negará a ti.". (Escrituras). El valuesof la bondad del Espíritu han sido bien definida. Igualmente definen son las recompensas de ser proactivo en la metodología definida en la sección anterior de pasos secuenciales de soñar, creer, concebir, planificar, trabajar y disfrutar del proceso. Una increíble serie de escalones para no sólo grande y glorioso, pero igualmente relevante para una vida mejor en dónde y cómo queremos pasar nuestras vidas.

Serán bajos deseos del hombre recibir la mejor forma posible la gratificación, y sus aspiraciones más puras morir por falta de sustento? Tal no es la ley: un estado de cosas tales nunca ocurrirá: "pedir y recibir."

Sueños nobles, y como usted sueño, así que usted llegar a ser. Su visión es la promesa de lo que un día serás; su ideal es la profecía de lo que llegarás a revelar.

Todo gran logro fue en un primer momento y durante algún tiempo sólo sueños. El roble duerme en la bellota; las esperas de aves en el huevo; y en la más alta visión del alma de un ángel de vigilia se mueve. Los sueños son las semillas de la realidad.

presionados por la pobreza y el trabajo; confinada largas horas en un taller poco saludable; sin educación y sin el arte de refinamiento. Pero sueña con cosas mejores; él piensa de la inteligencia, de refinamiento, de la gracia y la belleza. Él Concibe, y se acumula, una condición ideal de la vida; la visión de una libertad más amplia y un mayor alcance toma posesión de él; la ansiedad lo lleva a la acción, y utiliza todo su tiempo libre y los medios, pequeños que sean, al desarrollo de sus poderes y recursos latentes. Muy pronto, así alterada se ha convertido en su mente que el taller no puede contener. Se ha vuelto tan fuera de armonía con su mentalidad que se cae de su vida como una prenda de vestir se echa a un lado, y, con el crecimiento de oportunidades, que se ajustan al alcance de sus poderes en expansión, que pasa fuera de él para siempre. Años después nos vemos a este joven como un hombre adulto. Lo encontramos dueño de ciertas fuerzas de la mente, que él maneja con influencia en todo el mundo y poder casi inigualable. En sus manos sostiene las cuerdas de responsabilidades gigantescas; él habla, y he aquí, se cambian vidas; los hombres y las mujeres cuelgan de sus palabras y remodelar sus personajes, y, al contrario, se convierte en la ronda fijo y luminoso centro que giran innumerables destinos. Se ha dado cuenta de la visión de su juventud. Se ha convertido en uno con su ideal.

Y, también, lector juvenil, se dará cuenta de la Visión (no el deseo de inactividad) de su corazón, ya sea bajo o hermoso, o una mezcla de ambos, para que siempre se lleva hacia aquello que, en secreto, más amor. En tus manos serán colocados los resultados exactos de sus propios pensamientos; usted recibirá lo que usted gana; ni mas ni menos. Sea cual sea su entorno actual puede ser, va a caer, permanezca o se levanta con sus pensamientos, su visión, su ideal. Va a ser tan pequeño como su deseo de controlar; tan grande como su aspiración dominante: en las hermosas palabras de Stanton Kirk jamón Davis, "Es posible que se lleven cuentas, y en la actualidad se deberá salir de la puerta que durante tanto tiempo ha parecido que la barrera de sus ideales, y hallará a sí mismo ante una audiencia - la pluma todavía detrás de la oreja, las manchas de tinta en los dedos y en ese momento se vierte el torrente de su inspiración usted puede ser la conducción de ovejas, y se desvía hacia la ciudad-bucólica y abierto. boca; deberá pasear bajo la guía intrépida del espíritu en el estudio del maestro, y después de un tiempo dirá: 'no tengo nada más que le enseñe. Y ahora se han convertido en el maestro, que no hace tan poco sueño de grandes cosas mientras se conduce ovejas. Usted deberá fijar la sierra y el plano de tomar sobre sí mismo la regeneración del mundo ".

La desconsiderada, los ignorantes y los indolentes, viendo sólo el efecto aparente de las cosas y no las cosas mismas, hablar de suerte, de la fortuna, o no conocen la oscuridad y las angustias; que sólo ven la luz y la alegría, y lo llaman "suerte". Ellos no ven el viaje largo y arduo, pero sólo contemplan el logro placentero, y lo llaman "buena fortuna", no entienden el proceso, pero sólo perciben el resultado, y lo llaman oportunidad.

En todos los asuntos humanos hay esfuerzos, y hay resultados, y la fuerza del esfuerzo es la medida del resultado. El azar no es. Dones, poderes, materiales, intelectuales y posesiones espirituales son los frutos del esfuerzo; son pensamientos completos, objetos alcanzados, visiones realizadas.

La visión que glorifiques en su mente, el ideal que ganó el trono de tu corazón - esto le va a construir su vida, esto llegará a ser.

capítulo Siete

La calma de la mente, cuerpo y espíritu es la base para el crecimiento humano, la armonía y plenitud. Después de haber interactuado y compartido información con muchos científicos, predicadores, "-coches de la vida, la atracción: profesores de derecho-de-" y gurús de auto-mejora, los principios fundamentales son compatibles con todos los expertos que en primer lugar a través de nuestros esfuerzos conscientes, prácticas y hábitos, nos puede volver a activar nuestra mente superior y que por otra parte no son suficientes oportunidades en todas partes para la mayoría de las personas a mantener su estado de ánimo tranquilo y, por tanto, que el proceso de llegar a la mente serena, cuerpo, espíritu armonía es alcanzable y realmente vale la pena, independientemente de las situaciones y circunstancias individuales. Estos son los resultados de la práctica de manera consistente y con paciencia el autocontrol y resenses calma a todo tipo de sentimientos internos y estímulos externos. Tal paz es una señal ofdaily, experiencias tranquilas, y una exposición superior al proceso de pensamiento y total mente, cuerpo, espíritu armonía. Una forma muy simple es hacer una pausa un par de veces durante el día, tomar conciencia de nuestra respiración, y luego alejarse unos pocos minutos cada hora a partir de lo que está pasando y se centran en tomar respiraciones largas y profundas y exhala lentamente por la boca, por lo tanto disfruta el torrente de energía, el equilibrio y la calma de esos pocos minutos. Repita según y cuando se sienta NECESARIO. Además, intente otra rutina de alejarse de las actividades de todos los días programados para apreciar la serenidad de la naturaleza, como en fácil encontrar un lugar común como flores que se pueda acceder un parche de hierba o la extensión de actividades al aire libre objetos y luego disfrutar de la belleza y perfección de la naturaleza con todos los sentidos y la bienvenida a los sentimientos de felicidad, el rejuvenecimiento y la frescura que desembocan en usted de mantener cerca de la naturaleza.

La gente puede encontrar la serenidad y la experiencia de otras maneras como la meditación, caminar, tomar una siesta, el yoga o un entrenamiento de cuerpo, y que sea la forma que elija, usted experimentará múltiples beneficios de entrar en un estado más tranquilo más sana, más feliz de la mente. Usted se convierte en calma en la medida en que entiende a sí mismo como un ser humano equilibrado, compuesto. conocimiento Principalmente porque tal conocimiento viene con la comprensión de otros como el resultado del pensamiento guiada, y a medida que desarrolla la comprensión correcta, y ver cada vez más claramente las interacciones continuas de eventos por la acción de causa y efecto que renunciar a la ansiedad, el estrés y la negatividad y en su lugar permanecen en equilibrio, tranquilo y equilibrado ese es el estado de perfecta armonía entre el cuerpo, la mente y espíritu- mantener ese enfoque en calma y que permanecerá en ese estado ideal de la armonía y la felicidad natural de forma continua.

La persona tranquila, después de haber aprendido cómo gobernarse a sí mismo / a sí misma, sabe adaptarse a los demás; y ellos, a su vez, reverencian su fortaleza espiritual, y sienten que pueden confiar y respetar a esas personas la una persona más relajada, tanto mayor es su éxito, su influencia, su poder para el bien. Incluso el comerciante ordinario encontrará que aumentar la prosperidad de negocios como él se desarrolla un mayor autocontrol y serenidad, pues la gente siempre prefiere tratar con un hombre cuya conducta sea firmemente estable.

Las fuertes, personas tranquilas siempre son amados y venerados. Ellos son como los árboles que dan sombra en terrenos secos o rocas que albergan en la tormenta. "¿Quién no ama un corazón tranquilo, una vida carácter dulce, equilibrado? No importa si llueve o hay sol, o qué cambios vienen a aquellos que poseen estas bendiciones, porque siempre son dulces, sereno y en calma. Esa exquisita aplomo de carácter, que llamamos serenidad es la lección fundamental de la cultura, del carácter del alma. tiene muy alto valor como la sabiduría, más que desear que los diamantes, imaginar más que incluso los diamantes finos. Cuán sin valor hace simple acumulación de dinero busque en comparación con un feliz, tranquila forma de vida --un vida que habita en el océano de la paz, bajo las olas, fuera del alcance de los huracanes, en la gran calma, sin fondo!

"¿Cuántas personas que conocemos que se echan a perder sus vidas, que destruyen todo lo que es precioso y exquisito por las actitudes violentas que niegan el equilibrio de su carácter, y hacen mala sangre! Es una cuestión de si la gran mayoría de las personas no destruir sus vidas y estropear su felicidad por la falta de auto-control es;. siempre es agradable conocer a personas que están a punto, armonioso, que tienen ese resplandor exquisita que es reflejo de la personalidad, así - rounded!

Si desea hacer cambios en su vida, usted debe buscar las raíces y las causas son casi siempre la forma en que está utilizando su mente - la forma en que está pensando. No se puede pensar pensamientos negativos y positivos al mismo tiempo. Uno o el otro va a dominar. La mente es un esclavo del hábito, por lo que se convierte en la responsabilidad de cada individuo para asegurarse de que las emociones positivas y pensamientos se unen a la influencia dominante en su mente.

Con el fin de cambiar las condiciones externas, primero debe cambiar el interior. La mayoría de las personas omiten este paso. Ellos tratan de cambiar las condiciones externas al trabajar directamente en esas condiciones. Esto siempre resulta inútil, o en el mejor de temporal, a menos que vaya acompañada de un cambio de pensamientos y creencias.

El despertar a esta verdad, el camino a una vida mejor, más éxito se vuelve claro como el cristal. Entrenar a su mente consciente para pensar pensamientos de éxito, la felicidad, la salud, la prosperidad, y para eliminar la negatividad, como el miedo y la preocupación. Mantenga su mente consciente ocupada con la expectativa de los mejores, y asegurarse de que los pensamientos que tienes habitualmente se basan en lo que quiere ver que suceda en su vida.

El agua toma la forma de cualquier recipiente que contiene, ya sea en una copa, un florero o un río. Del mismo modo, su mente va a crear y se manifiestan de acuerdo con las imágenes que se piensa habitualmente acerca de su forma de pensar todos los días. Así es como se crea su destino. Una nueva vida es creada por nuevos pensamientos.

Tenemos mucho que agradecer aquí en la oportunidad ilimitada para compartir el amor, el conocimiento y la comprensión que hemos recibido, con usted. Juntos podemos hacer un impacto positivo en todo el mundo.

Cuando conocemos a nosotros mismos, sabemos que todo lo que

existe es el amor que expresa de forma inteligente a través de energía. Somos eso y así es todo y todo lo demás. La separación es sólo de forma. Vemos energía manifestada en diferentes formas. Estas formas son creadas por el pensamiento. Creemos que estamos separados porque no somos conscientes de nuestra integridad.

Todo este conocimiento y la experiencia está disponible para nosotros a través del desarrollo de nuestras capacidades del cerebro derecho. Cuando empezamos a trabajar con un proceso para liberar el estrés y el fortalecimiento o el perfeccionamiento de nuestro sistema nervioso, empezamos a descubrir que estamos en un nivel más profundo y pronto comenzará a conocer la totalidad que incluye a todos nosotros y todo lo demás en la existencia. Cuando esto sucede, empezamos a entender que todos los aspectos de la vida se rigen por las leyes de la naturaleza o principios de la vida, y comenzamos a ver lo que estos principios son y cómo funcionan. En este punto nos movemos en un nivel mucho más avanzado de funcionamiento, y descubrir que tenemos el derecho de poder dentro de nosotros mismos para crear cualquier cosa que elijamos.

capítulo Ocho

Dado que aquí hay una metodología para capacitar a sí mismo. Estas son formas de mejora desde donde se tienen que siendo superior, los estados más felices de la vida cumplido utilizar estas técnicas simples para activar su mente a los niveles superiores de la conciencia:

a. Confiar en el Universo. Primero y ante todo, recuérdese ofand comprometerse a aceptar las energías más altas y el mayor bien del Universo. todo lo que somos realmente seres espirituales que viven en formas humanas y por confiar en el Universo nos recordamos que estamos a salvo, seguro y bien y la creencia de que el Universo se proporciona es la seguridad de que estamos aquí para más ciertos objetivos de vida. Tenemos acceso a todos los recursos de la naturaleza y estamos completos en everyway.Life está destinado a ser bien vivida y la fe intrínseca, optimismo y nuestros esfuerzos que así sea.

segundo. Liberar la negatividad: internalizar y repetir esta declaración a intervalos regulares durante el día: ". Estoy dispuesto a liberar a todos los patrones negativos en mi conciencia envolviéndolos con amor y dejando flotar lejos, lejos, muy lejos en la nada sigo positiv y" irradio toda bondad en todo momento " do. Perdona: el proceso del perdón cubre dejar atrás el pasado y que entra en el presente. Perdonar también está haciendo la paz con nosotros mismos, que es la liberación de todos los patrones negativos de la herida y el juicio que hemos celebrado en. y estar en paz con el mundo. Póngase a sí mismo estar tranquilo, sereno y sincronizada con energías poderosas y positivas.

Para esta prueba el simple práctica de repetir con regularidad: "Me perdono a todo el mundo y para todo en todas las dimensiones del tiempo y el espacio". Todos los demás también me perdonen por todo en todo momento y espacio. Me da de alta, libre y en paz total. Mi existencia es pacífica "Siéntete relajado, con el poder y con nuevas energías.

re

todo lo que normalmente nos involucramos con nuestras actividades individuales de rutina en el hogar, en el trabajo, con nuestros pasatiempos y actividades de ocio, que perdemos de vista nuestro propósito primario de los principales cumplido vive .Este es digna de corregir. Piense en sus prioridades, establecer el dobladillo de manera clara y centrarse en sus intenciones.

Comienzan con el establecimiento a cabo afirmaciones para el uso diario varias veces al día, pensar en las afirmaciones de intenciones positivas: Mi familia y yo están recibiendo la abundancia de la salud, la felicidad, el éxito y todas las cosas buenas de la vida en este momento y para todos los tiempos.

mi. La respiración correcta

La respiración es nuestra fuerza vital. . Rhythemic, controlado, respiración profunda, literalmente, se mueve la energía de vida a lo largo de nuestro cuerpo vitalizar cada célula y el sistema de nuestro ser. Al obtener la conciencia de nuestra respiración y aprender a controlarlo, podemos controlar nuestro estado físico, mental y espiritual. Hacer una pausa y detectar el movimiento y el patrón de la respiración. Darse cuenta de la utilidad de la respiración controlada en nuestro bienestar general. Cuando se siente la vida estresante y nos sentimos fuera de control, podemos calmar la respiración. Ralentizarlo y profundizar en ella. Varias veces al día, tomar tiempo libre durante unos minutos para respirar agradable, controlada tomando en respiraciones profundas por la nariz, la celebración por un minuto y exhalando por la boca.

mi. Recordar y detenerse en sus logros

Entrenar a su mente para encontrar los aspectos positivos haciendo una lista de sus logros strengths.Write downpersonal, los logros de la familia, los que están en la sociedad workorin, las metas que se han reunido, lo que ha hecho bien, y los lugares que ha visitado.

Demasiado a menudo pasamos el tiempo pensando en lo que no está bien en nuestras vidas en lugar de centrarse en lo que es correcto.

Así que cambiar a los aspectos positivos, las cosas que has hecho bien ytodas sus buenas experiencias hasta la fecha. Recordar la ley de oro: lo que se centran en expande, así que traiga sus pensamientos de nuevo a las cosas buenas de la vida.

Vale la pena repition que se enfoque, enfoque, se centran solamente en cosas que piensas que has hecho bien, pensar en todos los aspectos positivos en cuanto a lo que eres y todo lo que tiene. Sigue adelante sólo con todo lo que es correcto y usted se sorprenderá por la gran cantidad de corregir los derechos que se pueda imaginar.

f.Live en el presente. Después de haber vivido en todas las cosas correctas del pasado, da cuenta de que está aquí y todo es lo que está sucediendo este momento presente. Más importante aún ourtomorrows son creados por nuestros pensamientos en la actualidad, aquí y ahora- Por lo tanto, es el elemento clave en nuestro momento presente, ser agradecido por toda la abundancia que tenemos y que somos amados, amable y cariñosa porque existimos. Es un momento glorioso y nuestro futuro se cumple radiantemente

El mejor momento para trabajar hacia lo que queremos es que los pensamientos están frescos en nuestra mente y la motivación es fuerte para que podamos avanzar. Vivir el presente. , También lo hacen hoy en día. Hazlo ahora. "Al afirmar aquí y ahora que todo está bien y en perfecto orden, va a crear ese mismo sentido de la perfección de lo que usted está afirmando para disfrutar de una vida mejor, cumplido. La repetición de afirmaciones positivas en la tranquilidad de su mente o en voz alta es una muy poderosa receta para la mente, el cuerpo, la plenitud del espíritu.

De hecho aort ,. exitosa "llamada" para la manifestación de la realidad implica (al menos) dos elementos:

1. Una declaración clara de la creencia o intención, ken o mantenidos de una manera positiva .... seguida inmediatamente por una

2. liberación completa de los resultados en las manos de la Fuente.

Una persona no manifiesta su mundo de la nada o bien, cada uno de ustedes forma su realidad personal del * todo *, que existe a su alrededor. Con el fin de hacer algo físico, sólo tiene que centrarse en ella ..... (lo que ralentiza la vibración lo suficiente como para que se solidifique), y luego de instalar velos de percepción alrededor de ella, para bloquear la conciencia mouthe de todo lo demás que está ahí. Esto es equivalente a su propia percepción de poner anteojeras sobre un caballo.

Al comenzar su proceso de focalización, usted debe darse cuenta claramente cómo el elemento creativo de su mente trabaja. E l explicación que vamos a hacer para usted ahora es lineal, ya que ahora está operando dentro de una base de realidad lineal. Por favor, darse cuenta de que usted tiene el poder de cambiar el orden o las reglas de este proceso en cualquier momento.

Sus declaraciones afirmativas, especialmente cuando se acompaña de cierto deseo y la pasión, son como Dios le concede todo lo que pueda desear. Como se ha experimentado, probado e investigado:. Sus creencias se convierten en realidad y no hay diffrention entre lo que es real y lo que era una visión hace algún tiempo "Divinitydoes esto a través de sus propias declaraciones de lo que es, no a través de declaraciones de * lo que no es .

Por lo tanto, cuando una persona se declara, dentro de sí mismo: Yo no quiero fumar "no voy a estar enfadado hoy" Mente creativa e manifestación oye (y responde a) una versión afirmativo de esos estados. Lo que se escucha es: "yo quiero fumar" y "Voy a estar enfadado hoy en día."

Debe darse cuenta de que la realidad física se crea a partir de enfoque. f usted está constantemente centrarse en lo que * no quiere ", y no en lo que * no quiere, su poder de manifestación tenderá cuna se sigue que el enfoque. El centro de poder en una llamada a manifestar está situado entre el sujeto y el deseado (o declarado) la acción o el resultado que los comandos se apilan y priorizado en su impresora, de acuerdo con los siguientes factores e.:

El "nivel" de uno mismo que está haciendo el comando (el nnore amplió los aspectos de que obtener el máximo peso cuando se trata de ordenar a sus manifestaciones)

2. El deseo, la intensidad y la claridad detrás de la declaración.

Para e 3.th de commacresentation al mecanismo creativo.

haciendo claramente una declaración del deseo y la intención deja una impresión en el campo de la energía "burbuja de la realidad" de la existencia de una persona. Se registra, si la persona es consciente de ello o no. comando se introdujo. Mientras una "orden de cancelación" no se envía después de él, el mecanismo creativo (el motor de búsqueda interno) comenzará el cotejo de los resultados y las alternativas para satisfacer la ommand.

Para hacer un pedido, y luego preocuparse por ello, crea una actitud de duda en su capacidad creativa. Es como sentarse a comer con 20 personas que mira su cada bocado. Después de un tiempo, se empieza a obtener un nudo en la garganta.

Creen y esperan lo mejor y el Universo va a materializar sus metas, sueños y deseos (de las Escrituras)
El optimismo, la esperanza y la fe pueden manifestar milagros (traducido de los Vedas)
Desde tan temprano como las Escrituras y las vedas a la reciente investigación en todo el mundo las mejores instituciones, los resultados y las escrituras confirman la verdad universal se mantiene siempre constante "Sus pensamientos dan forma a su mundo y que el optimismo es más importante para la felicidad. Además, el optimismo es la mejor habilidad y hábito de todas las personas de éxito. el poder del pensamiento es la clave para la creación de su realidad. Sus pensamientos crean por completo sus vidas y su experiences.- no sólo parcialmente, pero precisa y completa. Su vida es lo que hacemos de ella con sus pensamientos.

Todo lo que percibe en el mundo físico tiene su origen en el mundo invisible, interior de sus pensamientos y creencias. Para convertirse en el amo de su destino, usted debe aprender a controlar la naturaleza de sus pensamientos dominantes y habituales. Al hacerlo, usted será capaz de atraer a tu vida todo lo que va a tener y experiencia. El poder del pensamiento positivo puede ayudar a lograr nada una vez que llegan a aceptar la verdad de que sus pensamientos crean su reality.- en este momento y para todos los tiempos. Usted es el único de los creadores de sus propias realidades, en todo momento y bajo cualquier circunstancia Ustedes mismos la forma de sus vidas con sus pensamientos, sentimientos y creencias. A primera vista, lo anterior puede parecer irrelevante, sin fundamento o no plausible porque es posible que al instante exponer hechos que parecen estar fuera de su control: sus circunstancias de nacimiento, algunas enfermedades, algunos accidentes, sus opresores, y ese terremoto o una tormenta que mató a tantos. Y, por supuesto, si tuviera que contar sólo nuestros pensamientos conscientes reciente o actual, a continuación, la primera verdad inicialmente puede parecer irracional. Nadie dice a sí mismos, "Creo que es el momento me hecho daño, asaltado o engañado." Así que permítanme definir esta verdad universal con mayor precisión. En su mayoría subconscientes niveles de arranque antes del nacimiento y después alimentado por el paradigma acumulada de pensamientos, sentimientos y creencias que alguna vez fueron subconsciente -usted todos ellos creados: cada evento, detalles y matices de sus vidas.

Darse cuenta de que usted es una parte de la gran conciencia. Usted es un fragmento del Universo y olvida su totalidad que sus aventuras mentales pueden ser reales. El día en que vive esta verdad y tomar el control consciente de sus pensamientos es el día en que declara su libertad y comienza su dominio de la vida.

La verdad por encima complementa con las leyes de la ciencia y la metafísica contemporánea científicos .Modern, a la caza de los bloques de construcción fundamentales del universo están descubriendo otras leyes. Aquí está uno: tanto la existencia como el comportamiento de las partículas subatómicas dependen de lo que está sucediendo en la mente del científico ". Sí, leyó usted bien. No es un error de imprenta y no es ciencia de la franja; se ha replicado muchas veces. Las implicaciones son impresionantes. Como un investigador ciencia lo dijo, "Los físicos en estos días están descubriendo las fronteras sin explotar."

La ciencia tradicional asume que la conciencia surge de los objetos físicos. Metafísica afirma que lo contrario es cierto también, que los maestros hindúes de Asia han conocido desde hace más de 3.000 años. Y el Buda puso de esta manera: "Todo lo que somos es el resultado de lo que hemos pensado. La mente es todo. Lo que creemos que es lo que somos y nos volvemos ".

"Imagine una manada de caballos, el pastoreo en un campo, unos pocos en la luz del sol, pero la mayoría en las sombras de un bosque cercano. Deje que el hato representan sus pensamientos, sentimientos acumulados y, sobre todo, sus creencias, que tienen más poder sobre su vida que un huracán. Usted ha planteado a todos los caballos, alimentándolos con pensamientos en el establo de su mente, sin saber qué criaturas de gran alcance que se convertiría después de que entró silenciosamente en las sombras. Y el más poderoso de todos están completamente oculto en las profundidades de sus creencias-invisibles ".

Usted puede preguntar, ¿cómo puede una creencia de ser invisible? Sin duda, si se trata de una creencia, que no debe ser consciente de ello?

Pero eso es sólo verdad de sus creencias más débiles. Si usted piensa que, entonces, sí, usted es consciente de la creencia de baja potencia. Si usted cree que a continuación, usted está al tanto de la creencia con más poder para dirigir sus opciones. Sin embargo, si se sabe que, lo ves como la verdad y no puede reconocer un potente creencia de que da forma a su vida. Si sabe que el consumo de animales incurre en deuda kármica, a evitar el carnicero. Si usted sabe que los adolescentes son problemas, crea problemas de crianza. Si sabe que va a perder sus facultades a medida que envejece, es el saber, no la edad, que daña usted.

Y la más poderosa de todas sus creencias es el más simple: la suposición-creencia. Eso es una certeza tan profundo que parece absurdo ponerlo en duda. Incontables millones de personas están obligadas por supuesto de las creencias que hacen que sus vidas una miseria. Y sin embargo, todas las creencias comenzaron con la acumulación de sus pensamientos. Muchos de esos pensamientos comenzaron antes de su nacimiento, la creación de la carretera de su vida. El resto, los que determinan el carril que viaja en esa carretera, son pensamientos que tienes o una vez que tuvo lugar en esta vida.

Sí, incluso su salud física es causada por su acumulación de creencias subconscientes. Que puede ser muy difícil de aceptar, porque sugiere que si se detecta, por ejemplo, la leucemia, que es tu culpa! Pero la palabra no es culpa, es la causa. Sin culpa o el juicio es apropiado debido a sus creencias más potentes crecer en sus sombras y su mente por lo general no tiene ni idea de sus propios poderes potentes.

Usted puede preguntar lo que el pensamiento específico, sentimiento o creencia podría causar una illness.?That;s específicos como preguntar si una ducha de lluvia de un cielo oscuro, nublado vino de una nube. En lugar de su lógico suponer que los pensamientos persistentes l de impotencia y de ser víctima agravado por las emociones reprimidas como la ira, el odio y el miedo inevitablemente expresarse en su cuerpo. En resumen, la enfermedad o el retroceso que también fue su creación.

Usted se convierte en lo que piensa de la mayor parte de lo que siente que sigue, lo que usted cree construye a su alrededor.

Si acaso se preguntan: si nos centramos en lo que, ¿por qué estamos tan gran parte de lo que no queremos? Eso es debido a que a menudo se centran más apasionadamente en lo que no queremos, y nuestro universo personal siempre concede nuestras grandes pasiones. Esto es tan importante entender. Siempre? Sí ?. Así que si lo desea por un millón de dólares, pero la desesperación a su pobreza, que de esas dos pasiones se manifestará, aquí es el nivel más dolorosamente destructiva de la creación-creencia. Que no eres el creador de tu vida, sino una víctima de las circunstancias.? Usted culpa a su condición en algo distinto de sí mismo: Dios, las estrellas, el destino, nacimiento, padres, amantes, el gobierno, los accidentes, las enfermedades, la policía. Nunca tuvo una oportunidad. Usted está intrínsecamente sin valor. Usted es una víctima y la vida es un tormento. ¿Eres tu?

Si no, pruebe el nivel siguiente, más evolucionado: a veces eres el creador de tu vida. Puede influir en algunos eventos, pero sobre todo, las fuerzas externas es demasiado fuerte como para luchar. Usted culpa a la mayor parte de su condición en algo distinto de sí mismo. Se toma algo de responsabilidad por lo que te pasa. Usted tiene algún valor, un cierto potencial. La vida es una lucha con algunos puntos destacados. ¿Eres tu?

Aquí está el siguiente nivel: usted es sobre todo el creador de su vida. Puede influir en la mayoría de los eventos, aunque a veces las fuerzas externas son demasiado grandes. Se hacen responsables de la mayor parte de sus acciones. Usted pasan poco tiempo culpar a otros por acontecimientos dolorosos. Usted es una persona que vale la pena con fallas. Usted tiene un gran potencial. La vida es un desafío interesante ya menudo agradable. ¿Eres tu?

Si no, entonces prueba este. El nivel principal de la creación- es la creencia de que son totalmente el creador de su vida. Usted es parte de la gran campo de la conciencia que- ser que tiene muchas aventuras y muchas caras, incluida la suya. Usted no ve su personaje a medida que la tierra, pero a medida que su obra de arte. Su cada pensamiento, actitud y acción es su elección. Usted es totalmente responsable, no sólo para sus creaciones, sino por haber respondido a sus creaciones. Nunca culpar o juzgar a otros por sus experiencias. Su valor inherente y potencial son muy amplias. La vida es un emocionante veces sorprendente, a veces dolorosa aventura,,, pero gozoso.

Es que usted? ¿Ves el gran patrón aquí? Sea cual sea el nivel de la creación-creencia de que poseen les va a crear las condiciones que parecen demostrar que la derecha. Lo que usted cree se manifestará a su alrededor.

Esa es la viabilidad de la primera verdad universal. Creer y abrazar la felicidad, la salud, el amor, la paz, la armonía, la alegría, la satisfacción, el amor propio y la autoestima y experimentar todo esto en abundancia cada momento de su vida. Una vez me dijeron por mi madre, que muchos niños la oportunidad de escuchar: no comportarse como si todo el vasto universo, giraba a mi alrededor ". De hecho, lo hace. O mejor dicho, mi universo hace. Y lo mismo ocurre con la suya. Literalmente. A medida que la física cuántica está empezando a descubrir, hay un número infinito de universos. Su conciencia s gira a tu alrededor, creando todo lo que sabe y la experiencia y los billones de células más en su cuerpo y mente. Usted es la mariposa en una burbuja de su toma. Su burbuja se superpone con las burbujas de los demás. Todas las direcciones en que la cabeza es decir, su cuerpo, mente y espíritu, se crea y cada evento y el detalle de sus experiencias.

Las diez cosas más bellas del mundo no se pueden ver ni tocar, ya que ninguno de ellos son las cosas externas. Nacimos con ellos y que existe dentro de nosotros. Sentirlos a través de sus sentidos internos y con sus corazones. El mejor y el más hermoso son: optimismo, felicidad, esperanza, paz, fe, gratitud, amor, compasión, paz y armonía .... Busca dentro, aprovechar sus vastos recursos y la autonomía de sus vidas.

de cualquier mera fuerza externa; pensamientos criminales han sido secretamente albergados en el corazón, y la hora de la oportunidad revela su poder reunido. Las circunstancias no hacen al hombre; ellos le revelan a sí mismo No puede existir condición tal como descender en el vicio y sufre por sus inclinaciones viciosas de, o ascender en la virtud y su felicidad pura sin el cultivo de las aspiraciones virtuosas; y el hombre, por lo tanto, como el amo y señor del pensamiento, es el hacedor de sí mismo y el autor de su entorno. Incluso al nacer el alma llega a su propia y en cada paso de su peregrinación atrae aquellas combinaciones de condiciones que revelan en sí, que son el reflejo de su propia pureza y la impureza, su fortaleza y debilidad.

la gente no atraen aquello que quieren, sino lo que son. Sus caprichos, fantasías y ambiciones se frustran a cada paso, pero sus íntimos pensamientos y deseos se alimentan con sus propios alimentos, sean estos sucios o limpios. La "divinidad que da forma a nuestros fines" está en nosotros mismos; Es para nosotros un auto. En resumen, se puede grillete sí mismo o se fija libre: el pensamiento y la acción son los carceleros del destino - que apresan, si son de base; también son los ángeles de la libertad - que liberan, si son nobles. No es lo que él desea y reza por no llegar a un hombre, pero lo que gana con justicia. Sus deseos y oraciones son solamente satisfechos y respondieron cuando armonizan con sus pensamientos y acciones.

A la luz de esta verdad, lo que, entonces, es el significado de "la lucha contra las circunstancias?" Esto significa que un hombre es repugnante continuamente contra el efecto exterior, mientras que todo el tiempo está nutriendo y preservando la causa en su corazón. Esa causa puede tomar la forma de un vicio consciente o inconsciente una debilidad; pero sea lo que sea, tercamente retarda los esfuerzos de su poseedor, y por lo tanto clama por una cura.

La gente, en general, están dispuestos a mejorar sus vidas, sin embargo, no están dispuestos a cambiar ellos mismos para mejor; que, por tanto, permanecen atrapados en sus ranuras y en su status quo .. Los que están abiertos a poner en los esfuerzos están normalmente recompensados por conseguir lo que habían deseado. Los objetivos pueden variar de un nivel medio de salud, riqueza y felicidad a la más alta y deseos más elevados. Si las personas eligen principalmente la acumulación de riqueza o de una combinación de la condición de multimillonario a lo largo del rango político en todo el mundo y el reconocimiento mundial, existe el pensamiento inteligente y una gran cantidad de esfuerzo que se pone en el camino.

ch un hombre no entiende los simples rudimentos de los principios que son la base de la verdadera prosperidad, y no sólo es totalmente inepto para salir de su miseria, pero en realidad está atrayendo a sí mismo una miseria aún más profunda por la que habita en, y actuar , pensamientos indolentes, engañosas y cobardes.

Aquí es un hombre rico que es víctima de una enfermedad dolorosa y persistente como el resultado de la gula. Él está dispuesto a dar grandes sumas de dinero para deshacerse de él, pero no va a sacrificar sus deseos glotones. Quiere satisfacer su gusto por las ricas viandas y no naturales y tienen su salud también. Tal hombre es totalmente incapaz de tener salud, debido a que aún no ha aprendido los primeros principios

He introducido estos tres casos meramente como ilustrativos de la verdad de que el hombre es el causante (aunque casi siempre es inconsciente) de sus circunstancias, y que, al mismo tiempo que apunta a un buen fin, está frustrando continuamente su realización mediante el fomento de pensamientos y deseos que no es posible que armonizar con ese fin. Tales casos podrían multiplicarse y variado casi indefinidamente, pero esto no es necesario, ya que el lector puede, si así lo resuelve, rastrear la acción de las leyes del pensamiento en su propia mente y la vida, y hasta que esto se hace, meros hechos externos no puede servir como motivo de razonamiento.

Las circunstancias, sin embargo, son tan complicados, pensamiento está tan profundamente arraigada, y las condiciones de la felicidad varían, enormemente con los individuos, que toda alma la condición de un hombre (aunque puede ser conocido a sí mismo) no puede ser juzgado por otro desde el exterior los aspectos de su vida solo. Un hombre puede ser honesto en ciertas direcciones, sin embargo, sufren privaciones; un hombre puede ser deshonesto en ciertas direcciones, sin embargo, adquirir riquezas; pero la conclusión general de que el primero hombre fracasa debido a su particular honestidad, y que los otros prospera debido a su falta de honradez en particular, es el resultado de un juicio superficial, lo que supone que el hombre deshonesto es corrupto casi por completo, y el hombre honesto casi enteramente virtuoso. A la luz de un conocimiento y una experiencia más amplia tal juicio más profundo se encuentra que es errónea. El deshonesto puede tener algunas virtudes admirables, que el otro no, no posee; Y el hombre vicios dañinos honestos que están ausentes en el otro. El hombre honesto cosecha los buenos resultados de sus pensamientos y actos honestos; También trae sobre sí el sufrimiento, que producen sus vicios. El deshonesto del mismo modo cosecha su propio sufrimiento y la felicidad.

Es agradable a la vanidad humana para creer que uno sufre por causa de su virtud; pero no hasta que un hombre ha extirpado cada pensamiento malsano, amargo e impuro de su mente, y se lava toda mancha de pecado de su alma, ¿puede estar en un lugar para conocer y declarar que sus sufrimientos son el resultado de su bien, y no de sus malas cualidades; y en el camino a, sin embargo, mucho antes de que haya alcanzado, que la perfección suprema, él habrá encontrado funcionando en su mente y la vida, la Gran Ley que es absolutamente justo, y que no puede, por lo tanto, dar bien por mal, el mal de bueno. Posesión de tal conocimiento, él sabrá entonces, mirando hacia atrás en su pasada ignorancia y ceguera, que su vida es, y siempre fue, justamente ordenado, y que todas sus experiencias pasadas, buenas y malas fueron fruto imparcial de su evolución, auto todavía imperfecta.

Los buenos pensamientos y acciones no pueden producir malos resultados; malos pensamientos y acciones no pueden producir buenos resultados. Esto no es más que afirmar que no puede venir de maíz, pero el maíz, u ortiga de la ortiga. El hombre entiende esto en el mundo natural, y trabajar con ella; pero pocos lo entienden en el mundo mental y moral (aunque esta operación es tan simple y sin desviaciones), y que, por lo tanto, no cooperar con él.

El sufrimiento es siempre el efecto del pensamiento equivocado en alguna dirección. Es una indicación de que el individuo no está en armonía consigo mismo, con la ley de su ser. El uso único y supremo del sufrimiento es purificar, para quemar todo lo que es inútil e impuro. El sufrimiento cesa para quien es puro. No podía haber sentido en quemar el oro después de la escoria se ha retirado, y un ser perfectamente puro y iluminado no puede sufrir.

Las circunstancias, que un hombre encuentra con el sufrimiento, son el resultado de su propia mental en armonía. Las circunstancias, que un hombre encuentra con la buenaventura, son el resultado de su propia armonía mental. Beatitud, no las posesiones materiales, es la medida del pensamiento correcto; infelicidad, no la falta de bienes materiales, es la medida del pensamiento equivocado. Un hombre puede ser una maldición y rica; puede ser bendito y pobre. Bienaventuranza y riqueza sólo se juntan cuando la riqueza son utilizados correctamente y con sabiduría; y el pobre hombre sólo se desciende a la miseria cuando considera su destino como una carga impuesta injustamente.

La indigencia y la indulgencia son los dos extremos de la miseria. Ambos son igualmente poco natural y el resultado de los trastornos mentales. Un hombre no está correctamente adaptado hasta que es un ser feliz, saludable y próspero; y la felicidad, la salud y la prosperidad son el resultado de la armonía

entre su mundo interno y externo, del hombre con su entorno.
Un hombre sólo empieza a ser un hombre cuando deja de lamentarse y maldecir, y comienza a buscar la justicia oculta que gobierna su vida. Y a medida que se adapta a su mente que el factor de regulación, cesa de acusar a los demás como la causa de su condición, y construye sí mismo con pensamientos nobles y fuertes; deja de patalear contra las circunstancias, sino que comienza a utilizarlas como ayuda para su progreso más rápido, y como medio para descubrir el poder y las posibilidades ocultas dentro de sí mismo.

Ley, no confusión, es el principio dominante en el universo; justicia, no injusticia, es el alma y la esencia de la vida; y la justicia, no la corrupción, es la fuerza moldeadora y motivadora que gobierna el espíritu del mundo. Siendo esto así, el hombre no tiene más que corregirse a sí mismo al descubrir que el universo funciona correctamente; y durante el proceso de ponerse derecho encontrará que mientras cambia sus pensamientos respecto a las situaciones y personas, situaciones y la gente cambiarán respecto a él.

La prueba de esta verdad está en cada persona, y por ello puede verificarse fácilmente mediante una introspección sistemática y el autoanálisis. Cambie un hombre radicalmente sus pensamientos, y él se asombrará de la rápida transformación que efectuar en las condiciones materiales de su vida. El hombre imagina que el pensamiento puede ser mantenido en secreto, pero no puede; se cristaliza rápidamente en hábito, y el hábito se solidifica en las circunstancias. pensamientos bestiales cristalizan en hábitos de embriaguez y la sensualidad, que toman forma de circunstancias de la miseria y la enfermedad son: pensamientos impuros de todo tipo se cristalizan en hábitos enervantes y confusas, que toman forma de circunstancias de distracción y negativos: pensamientos de miedo, la duda y la indecisión se cristalizan en débil , y los hábitos indecisos poco hombres que toman forma de circunstancias de fracaso, indigencia, y dependencia servil: pensamientos perezosos cristalizan en hábitos de desaseo y deshonestidad, que toman forma de circunstancias de inmundicia y mendicidad: pensamientos de odio y condena se cristalizan en hábitos de acusación y violencia , que toman forma de circunstancias de la lesión y la persecución: pensamientos egoístas de todo tipo se cristalizan en hábitos de auto-búsqueda, que toman forma de circunstancias más o menos angustiante. Por otro lado, bellos pensamientos de todo tipo se cristalizan en hábitos de gracia y bondad, que toman forma de circunstancias de felicidad y cordialidad: pensamientos puros se cristalizan en hábitos de templanza y autocontrol, que toman forma de circunstancias de reposo y la paz: pensamientos de coraje , la autosuficiencia, y la decisión se cristalizan en hábitos de hombres, que toman forma de circunstancias de éxito, abundancia, y la libertad: pensamientos energéticos se cristalizan en hábitos de limpieza y la industria, que toman forma de circunstancias de agradabilidad: pensamientos suaves y perdonar cristalizan en hábitos de dulzura , que toman forma de circunstancias de protección y conservantes: amor y pensamientos desinteresados cristalizan en hábitos de olvido de sí mismo a los demás, que toman forma de circunstancias de prosperidad y perdurable y riqueza verdadera.

Un tren particular de pensamiento persistió en, ya sea bueno o malo, no puede dejar de producir sus resultados en el carácter y las circunstancias. Un hombre no puede escoger directamente sus circunstancias, pero puede escoger sus pensamientos, y así, indirectamente, pero sin duda, dar forma a sus circunstancias.

La naturaleza ayuda a cada uno a la satisfacción de los pensamientos, el que más anima, y las oportunidades se presentan que muy rápidamente traer a la superficie tanto de los pensamientos buenos y malos.

Deje que un hombre cesa de sus pensamientos pecaminosos, y todo el mundo va a suavizar hacia él, y estar listo para ayudarlo; Que ponga sus pensamientos lejos débilmente y enfermizos, y he aquí, las oportunidades brota en cada mano para ayudarlo en sus resoluciones; deje que motive buenos pensamientos, y ninguna fatalidad que lo ate a la miseria y la vergüenza. El mundo es tu caleidoscopio, y las combinaciones de colores diferentes, que en cada momento te presenta son las imágenes exquisitamente ajustadas de tus pensamientos siempre en movimiento.

"Por lo que será lo que quiera que sea, vamos a encontrar el fracaso de su contenido falso En ese pobre palabra," medio ambiente "Pero el espíritu que desprecia, y es gratuito.

"Es maestros tiempo, se conquista el espacio, sino que las vacas posibilidad de que tramposo jactanciosa, y las ofertas adieu al tirano circunstancia, y da la bienvenida a la voluntad humana y determinación para tener éxito.

"La voluntad humana, de que la fuerza invisible, La descendencia de un alma inmortal, puede labrar un camino para cualquier objetivo, aunque las paredes de granito intervienen.

"No te impacientes a retrasos Pero espera como uno que entiende; Cuando el espíritu se eleva y los comandos Los dioses están dispuestos a obedecer."

El cuerpo es el siervo de la mente. Que obedece a las instrucciones de la mente, ya sea que se elegirán de forma deliberada o inconscientemente expresan. Cuando los pensamientos son negativos restrictivo y poco amable el cuerpo se hunde rápidamente en la enfermedad y desequilibrio. A la orden de pensamientos alegres y saludables se convierte en vestido de la juventud y la belleza.

La enfermedad y la salud, al igual que las circunstancias, tienen sus raíces en el pensamiento. pensamientos enfermizos se expresan a través de un cuerpo enfermo. Pensamientos de miedo se han sabido para matar a un hombre con tanta seguridad como un arma y continuamente matan a miles de personas todo el tiempo, aunque con menor rapidez. Las personas que viven con el temor de la enfermedad son las personas que la contraen. La ansiedad rápidamente debilita el cuerpo, y lo deja expuesto a la, entrada de la enfermedad ;. Del mismo modo los pensamientos impuros, aun cuando no tengan un origen físico, con el tiempo se rompen el sistema nervioso.

pensamientos fuertes, puros y felices construyen el cuerpo con vigor, la luminosidad y la gracia. El cuerpo es un instrumento delicado y flexible, que responde rápidamente a los pensamientos a los que está expuesto a los hábitos de pensamiento y producirá sus propios efectos, buenos o malos, de cualquier forma.

Los seres humanos seguirán teniendo sangre impura y envenenada, siempre que fomentan pensamientos impuros. De un corazón limpio viene una vida limpia y un cuerpo limpio. De un mente contaminada sale una vida contaminado y un cuerpo corrupto. El pensamiento es la fuente de la acción, la vida, y la manifestación; construye una fuente pura, y todo será puro, radiante y saludable

Por el mero hecho de modificar su dieta no le ayudará si usted no mejora sus pensamientos. Cuando una persona hace su / sus pensamientos purificados, él / ella ya no desea insalubres.

comida rancia.

La limpieza es tanto una virtud y un estado de la mente pensamientos .clean hacen hábitos de limpieza. El auto-proclamado llamado santo que no se lava su cuerpo no está completamente limpia y purificada. Las personas que han fortalecido y purificado sus pensamientos no se deben tener en cuenta los microbios no saludables.

La mejor manera de proteger su cuerpo es para proteger su mente todo el tiempo. Cada vez que usted decide limpiar y renovar a sí mismo, comenzar con la fabricación de su mente hermosa. Pensamientos de envidia venganza, la desilusión, la desesperación cortadas del cuerpo radiante, la salud y la armonía. Tener una cara triste no es accidental; es un resultado directo de los pensamientos negativos y tristes. insalubres arrugas que aparecen en los cuerpos son creados por el mantenimiento de los pensamientos negativos de odio, los celos, el desprecio y patrones de pensamiento negativos similares.

No es difícil encontrar algunas mujeres en sus años ochenta que tienen caras brillantes, inocentes de chicas jóvenes. También sé un hombre muy por debajo de la mediana edad, cuyo rostro está dibujado en un perfil distorsionada, descortés. El primero es el resultado de actitudes alegres y vibrantes, positivamente dulces y el último es el resultado de la infelicidad, la depresión y el descontento.

Al igual que al admitir porción de aire fresco y el sol puede tener habitaciones luminosas y de olor dulce, manteniendo un flujo de pensamientos alegres, sinceros, beneficiosos que puede tener un cuerpo sano y feliz y una personalidad brillante.

Trata
de ser analítica para diferenciar las personas con las arrugas
provocadas por su fuerza, la simpatía y el pensamiento de que se
trate en comparación con algunos otros arrugadas por la
preocupación, la insatisfacción y patrones de pensamiento
negativo. . ellos, con los que han vivido con rectitud, la edad es
tranquila, pacífica, y suavemente suavizado, al igual que el sol
poniente. Recientemente he visto un filósofo en su lecho de
muerte. Él no era viejo, salvo en años. Murió tan dulce y
pacíficamente como había vivido.

No hay médico como los pensamientos alegres constantes para
negar los males del cuerpo; Buen humor y alegría son los
mejores remedios para dispersar las sombras de dolor y tristeza.
Para vivir continuamente en pensamientos de mala voluntad, el
cinismo, la desconfianza y la envidia, debe ser confinado en una
celda de prisión hecho a sí mismo. Pero pensar bien de todo, ser
alegre, con todo, para aprender con paciencia para encontrar lo
bueno en todos - estos pensamientos desinteresados son las
mismas puertas del cielo; y vivir día a día en pensamientos de
paz hacia toda criatura traerá abundando la paz a todos los que
las poseen. La práctica de la meditación con regularidad ayuda a
las personas a mantener un equilibrio armonioso entre la mente,
cuerpo y espíritu y tal armonía es un estado último para todo el
mundo para llevar una vida plena

Durante la meditación se encuentra su mente que trasciende lo
profundo de lo que resulta en la conciencia que eleva.
impresiones profundas, pensamientos se liberan como resultado
de revitalización. Con el tiempo, repitiendo el proceso una y otra
vez, uno puede sentirse con energía, fresca, renovada y con
poder.

estados de meditación son cuando los pensamientos
desaparecen. Los pensamientos surgen, pausar y pasar a través.
¿Los reconoces en esta lista: deseos, ambiciones, expectativas,

dudas, recuerdos desagradables,

Hasta pensamientos están vinculados con la finalidad no hay logros significativos. La mayoría de la gente permite que sus pensamientos a la "deriva" en el océano de la vida. Aimlessness solo conduce a las personas que siguen un laberinto de caminos de niebla sin ninguna claridad de destino y resultado final.

Los que no tienen propósito central de su vida a ser presa fácil de mezquinos preocupaciones, miedos, problemas, y la autocompasión, todos los cuales son indicios de debilidad, que conducen, con tanta seguridad como deliberadamente planeada pecados (aunque por una ruta diferente) , al fracaso, la infelicidad, y la pérdida, ya que la debilidad no puede persistir en un poderoso universo en evolución.

Usted debe concebir fines legítimos en su corazón, y se dispuso a llevarlos a cabo. Así que los propósitos del núcleo y el enfoque de sus pensamientos. Puede tomar la forma de un ideal espiritual, o puede ser un objeto mundano, de acuerdo a su naturaleza en el tiempo durante ese período de tiempo; pero lo que espero y deseo para un objetivo para enfocar de manera constante sus fuerzas de pensamiento en las metas que se ha puesto delante de ti mismo. Debemos hacer que nuestros objetivos nuestra prioridad para la vida, y tomar medidas para alcanzarlos distracciones haciendo caso omiso y eventos aleatorios pensamientos que nos puso fuera de curso, anhelos y fantasías. Este es el camino real para el autocontrol y la concentración real del pensamiento. Incluso si fracasa una y otra vez para lograr su propósito (como él debe necesariamente hasta que la debilidad se supera), la fuerza de carácter ganado será la medida de su éxito verdadero, y esto va a formar un nuevo punto de partida para el futuro poder y triunfo .

Los que no están listos para la aprehensión de un gran propósito debe fijar los pensamientos sobre el trabajo perfecto de su deber, no importa lo insignificante que pueda parecer su tarea. Sólo de esta manera se puede reunir y centrado los pensamientos, y se desarrollará de resolución y energía, lo que está haciendo, no hay nada que no pueda ser cumplida.

El alma más débil, que conoce su propia debilidad, y creyendo esta verdad que la fuerza sólo puede ser desarrollada por el esfuerzo y la práctica, será, por tanto, creer, a la vez comienzan a ejercer en sí, y, añadiendo esfuerzo por el esfuerzo, la paciencia a la paciencia, y la fuerza para fuerza, nunca dejará de desarrollar, y tendrá por fin crecer divinamente fuerte.

A medida que el hombre físicamente débil puede hacerse fuerte por el entrenamiento cuidadoso y paciente, por lo que el hombre de pensamientos débiles puede hacerlos fuertes mediante el ejercicio de sí mismo en el pensamiento correcto.

Una de las mejores habilidades que podemos adquirir es de encontrar un trabajo que nos excita, hace que nuestros corazones cantar y disfrutar de la experiencia de hacerlo a la medida de nuestras posibilidades. Ama lo que haces y encontrará trabajo cumplimiento.

La voluntad de hacer resortes del conocimiento de que podemos hacer. La duda y el miedo son los grandes enemigos de los conocimientos, que no matarlos. bancadas

El que ha conquistado duda y el miedo ha conquistado el fracaso. Su cada pensamiento está aliada con el poder, y todas las dificultades que se cumplan con valor y sabiduría superar. Sus propósitos son propias de la estación plantadas, y florecen y dan a luz Fruit-, de hecho, una cosecha abundante.

El pensamiento aliado sin temor a propósito se convierte en fuerza creativa: aquel que conoce esto está listo para convertirse en algo más alto y más fuerte que un mero conjunto de pensamientos vacilantes y las fluctuaciones de las sensaciones; el que hace esto se ha convertido en el portador consciente e inteligente de su

Todo lo que se puede lograr y todo lo que usted no puede alcanzar es el resultado directo de sus propios pensamientos. En un universo justo y perfecto, donde la pérdida de equilibrio tendría repercusiones negativas, la responsabilidad individual debe ser absoluta. debilidad y la fuerza de un hombre, la pureza y la impureza, son suyas, y no de otro hombre; que son provocados por sí mismo, y no por otro; y sólo pueden ser alterados por sí mismo, no por otro. Su estado es también la suya, y no de otro hombre. Su sufrimiento y su felicidad son evolucionado desde dentro. Como él cree, por lo que es; mientras se sigue pensando, por lo que permanece.

Una persona fuerte no puede ayudar a una más débil a menos que la más débil está dispuesto a ser ayudado, e incluso entonces la persona débil debe ser fuerte de sí mismo; él debe, por su propio esfuerzo, desarrollar la fuerza que él admira en otro. Nadie más que a sí mismo todos somos autosuficientes para mejorar nosotros mismos.

Ha sido habitual para los hombres a pensar y decir, "Muchos hombres son esclavos porque uno es un opresor; permiten odiemos al opresor." Ahora, sin embargo, no se encuentra entre st un aumento de unos pocos una tendencia a revertir este juicio, y decir: "Un hombre es un opresor porque muchos son esclavos, vamos a despreciar a los esclavos."

La verdad es que el opresor y el esclavo son cooperadores en la ignorancia, y, al tiempo que parece afligir entre sí, son en la realidad que afecta a ellos mismos. Un conocimiento perfecto percibe la acción de la ley en la debilidad de los oprimidos y el poder mal aplicado del opresor; un amor perfecto, al ver el sufrimiento, que implican ambos estados, ni condena; una compasión perfecta abarca tanto el opresor y oprimido.

El que ha conquistado debilidad, y ha puesto todos los pensamientos egoístas, pertenece a opresores ni oprimidos. Él es libre.

Un hombre sólo puede elevarse, conquistar, y lograr levantando sus pensamientos. Lo único que puede seguir siendo débil, y abyecta y miserable al negarse a levantar sus pensamientos.

Antes de que un hombre puede lograr cualquier cosa, incluso en las cosas del mundo, tiene que elevar sus pensamientos por encima de la indulgencia de los animales servil. Él no puede, con el fin de tener éxito, renunciar a toda la negatividad y el egoísmo, por cualquier medio; pero una parte de ella debe, al menos, ser sacrificado. Un hombre cuyo primer pensamiento es bestial indulgencia ni podía pensar con claridad ni planear metódicamente; no pudo encontrar y desarrollar sus recursos latentes, y fracasaría en cualquier empresa. No haber comenzado a controlar virilmente sus pensamientos, él no está en condiciones de controlar los asuntos y adoptar responsabilidades serias. Él no está en condiciones de actuar de forma independiente y estar solo. Pero él sólo está limitado por los pensamientos, que él elija.

No puede haber progreso, no es un logro sin sacrificio, y el éxito en el mundo de un hombre será en la medida que sacrifica sus pensamientos animales confusas, y fija su mente en el desarrollo de sus planes, y el fortalecimiento de su resolución y la autosuficiencia . Y cuanto más alto levanta sus pensamientos, el más viril, en posición vertical, y justo se convierte, mayor será su éxito, la más bendita y duraderos serán sus logros. Las leyes del Universo son sencillos: recibimos lo que damos en el largo plazo. Racionales, bien planificadas, honestos esfuerzos ayudan a todos a alcanzar las metas que valgan la pena.

Me lo largo de los años, muchos Maestros aprendido y espirituales, en todo el mundo, nos han enseñado que el camino hacia la potenciación y la realización es a través de elementos de pensamiento humano que elevan ya través de acciones beneficiosas y que el camino de pensamientos y acciones nobles es verdaderamente el más virtuoso.

Los logros intelectuales son el resultado de procesos de pensamiento que se dedican y se concentró en la búsqueda de conocimientos o conceptos que son benévolos y un propósito para la vida y para la naturaleza. Aquí está el concepto universalmente aceptado para vivir mejor: Las personas que se esfuerzan por conseguir unos tipos y desinteresados, noble, de pensamiento beneficiosos se encuentran viviendo y disfrutando de maravillosas experiencias y alegres. Para soltar los patrones de pensamiento negativo, su utilidad para la práctica afirmando que estamos dispuestos a liberar a todos los patrones negativos dentro de nuestro subconsciente de una manera suave, amoroso camino y dejar que los patrones negativos dentro de nosotros volar hacia una nada más lejos de la que pueden haber llegado de. Afirmaciones para aceptar los patrones de pensamiento positivos son mensajes y métodos para retener con nosotros sólo lo que es bueno y beneficioso de bienvenida. En resumen, es el proceso de liberar suavemente todos los patrones negativos consciente y subconsciente dentro de nosotros mismos y de invitación dentro de los patrones de pensamiento positivo para permanecer dentro. Esto puede parecer ingenuo o simplista, pero usted se sorprenderá con la transformación que esto puede traer a la vida de uno. Muchos otros expertos han hablado y escrito sobre estos conceptos básicos de enjuagar los no deseados, la introducción de los aspectos positivos en nuestras vidas.

Un hombre puede elevarse a mayor éxito en el mundo, e incluso a altitudes más elevadas en el ámbito espiritual, y de nuevo descender a la debilidad y la miseria al permitir que pensamientos arrogantes, egoístas y corruptos para tomar posesión de él.

Todos los logros, ya sea en el negocio, intelectual, o el mundo espiritual, son el resultado del pensamiento dirigido definitivamente, se rigen por la misma ley y que sean del mismo método; la única diferencia radica en el objetivo de alcanzar.

El que lograría poco debe sacrificar poco; el que quiera lograr mucho debe sacrificar mucho; el que alcanzaría altamente debe sacrificar en gran medida.

Es útil para visualizar para lograr los objetivos. Aquí aprenderá algunas técnicas de visualización que le ayudará a visualizar mejor y manifestar sus deseos.

Cuando se hace correctamente, la visualización ayuda a satisfacer casi cualquier objetivo.

Casi todas las personas de éxito, incluyendo la visualización uso deportista para lograr sus objetivos. Algunos lo hacen a sabiendas, algunos sin saberlo.

En primer lugar, encontrar un lugar tranquilo - en el que no se verá afectado. No queremos un descanso cuando estamos hablando con nuestro subconsciente. Puede visualizar -

A primera hora de la mañana, cuando aún estaba en la cama. Puede ir al baño, relevarse y volver y visualizar.

Cuando el autobús o el metro.

Esperando su turno en el supermercado o en cualquier otro lugar.

Sentado en el coche, en lugar de ver la televisión.

Cuando esperando a alguien.

Última hora de la noche antes de dormirse.

Los soñadores son los salvadores del mundo. A medida que el mundo visible se sustenta en lo invisible, por lo que los hombres, a través de todas sus pruebas y pecados y vocaciones sórdidas, se alimentan de las bellas visiones de sus soñadores solitarios. La humanidad no puede olvidar a sus soñadores; no se puede dejar que sus ideales se desvanezcan y mueren; que vive en ellos; se las conoce, ya que realidades que un día serán vistas y conocidas.

Las personas que persiguen sus sueños y visiones mejorados, grandes pensamientos de perfección y grandeza algún día materializarlas. Einstein apreciaba su visión de leyes de la física, y él los encontró; Edison contemplaba reunir una fuente de luz para el uso diario y después de más de un centenar de intentos, hecha la realidad bombillas de luz; 3,00 años atrás, Buda tuvo su visión de un mundo espiritual de la existencia iluminada y la paz perfecta, y él se convirtió en él.

Perseguir sus sueños nobles, apreciar sus visiones; respetar sus ideales; desarrollar y reproducir la música que mueve el corazón y el alma, la magnificencia que se forma en su mente, la belleza y el encanto que da forma a sus pensamientos más puros, ya que de ellos se manifestará maravillosa realidad en curso, cada conjunto de experiencias celestes. Persistir y perseverar manteniendo sus esfuerzos en marcha y va a manifestar los ideales nobles.

Concebir, creer y lograr es una ley del universo. La medida de si podemos lograr metas altas, no es si son demasiado elevadas o se mantiene baja, la realidad es si los persiguen constantemente con los esfuerzos y si mantenemos nuestras dudas y especulaciones fuera del camino y nos permitimos extender la mano y alcanzar ellos.

Sueños nobles, y como usted sueño, así que usted llegar a ser. Su visión es la promesa de lo que un día serás; su ideal es la profecía de lo que llegarás a revelar.

El mayor logro fue en un primer momento y durante un tiempo un sueño. El roble duerme en la bellota; las esperas de aves en el huevo; y en la más alta visión del alma de un ángel de vigilia se mueve. Los sueños son las semillas de la realidad.

un ámbito de aplicación más amplio toma posesión de él; la ansiedad lo lleva a la acción, y utiliza todo su tiempo libre y los medios, pequeños que sean, al desarrollo de sus poderes y recursos latentes. Muy pronto, así alterada se ha convertido en su mente que el taller no puede contener. Se ha vuelto tan fuera de armonía con su mentalidad que se cae de su vida como una prenda de vestir se echa a un lado, y, con el crecimiento de oportunidades, que se ajustan al alcance de sus poderes en expansión, que pasa fuera de él para siempre. Años después nos vemos a este joven como un hombre adulto. Lo encontramos dueño de ciertas fuerzas de la mente, que él maneja con influencia en todo el mundo y poder casi inigualable. En sus manos sostiene las cuerdas de cuentas gigantescas, y en la actualidad se debe salir de la puerta que durante tanto tiempo ha parecido que la barrera de sus ideales, y deberá encontrarse ante una audiencia - la pluma todavía detrás de la oreja, las manchas de tinta en los dedos y en ese momento derramarán el torrente de su inspiración. Puede ser la conducción de ovejas, y podrán llegar a la ciudad-bucólica y con la boca abierta; vagaré bajo la guía intrépida del espíritu en el estudio del maestro, y después de un tiempo dirá: 'No tengo nada más que le enseñe. Y ahora se han convertido en el maestro, que no hace tan poco sueño de grandes cosas mientras se conduce ovejas. Usted deberá fijar la sierra y el plano de tomar sobre sí mismo la regeneración del mundo ".

La desconsiderada, los ignorantes y los indolentes, viendo sólo el efecto aparente de las cosas y no las cosas mismas, hablar de suerte, la fortuna y el azar. Ver a un hombre hacerse rico, dicen, "lo afortunado que es!" La observación se convierten en otra intelectual, exclaman: "¡Que favorecido es!" Y teniendo en cuenta el carácter santo y la gran influencia de otro comentarán, "¿Cómo ayuda oportunidad él en cada momento!" Ellos no ven los intentos, fracasos y luchas que estos hombres han cumplido voluntariamente a adquirir su experiencia; no tienen conocimiento de los sacrificios que han hecho, de los esfuerzos intrépidos que se han presentado, de la fe que han ejercido, para que pudieran lograr lo aparentemente imposible, y darse cuenta de la visión de su corazón. No conocen la oscuridad y las angustias; que sólo ven la luz y la alegría, y lo llaman "suerte". Ellos no ven el viaje largo y arduo, pero sólo contemplan el logro placentero, y lo llaman "buena fortuna", no entienden el proceso, pero sólo perciben el resultado, y lo llaman oportunidad.

En todos los asuntos humanos hay esfuerzos, y hay resultados, y la fuerza del esfuerzo es la medida del resultado. El azar no es. Dones, poderes, materiales, intelectuales y posesiones espirituales son los frutos del esfuerzo; son pensamientos completos, objetos alcanzados, visiones realizadas.

La visión que glorifiques en su mente, el ideal que ganó el trono de tu corazón - esto le va a construir su vida, esto llegará a ser.

La práctica hace la perfección. Para mantenerse inspirado y motivado, para referirse a lo que otras personas autorizadas decir sobre el tema, se enumeran aquí:

de la mente es una de las bellas joyas de la sabiduría. Es el resultado de un esfuerzo largo y paciente en el autocontrol. Su presencia es una indicación de la experiencia madurada, y de un conocimiento más que ordinario de las leyes y las operaciones del pensamiento.

Usted se convierte en calma en la medida en que usted se entiende como un reflexivo ser evolucionado, por ejemplo en el conocimiento requiere la comprensión de los demás como el resultado del pensamiento, y a medida que desarrolla el entendimiento correcto, y ver cada vez más claramente las relaciones internas de las cosas por la acción de causa y efecto que deje de preocuparse y humo y la preocupación y llorar, y permanece preparada, firme, sereno. Ese es el estado de perfecta armonía entre el cuerpo, la mente y espíritu- mantener ese enfoque en la serenidad y que indicarán en ese estado ideal de armonía más y más

El hombre tranquilo, después de haber aprendido cómo

gobernarse a sí mismo, sabe adaptarse a sí mismo a los demás; y ellos, a su vez, reverencian su fortaleza espiritual, y sienten que pueden aprender de él y confiar en él. El hombre más tranquilo, tanto mayor es su éxito, su influencia, su poder para el bien. Incluso el comerciante ordinario encontrará que aumentar la prosperidad de negocios como él se desarrolla un mayor autocontrol y serenidad, pues la gente siempre prefiere tratar con un hombre cuya conducta sea firmemente estable.

El hombre fuerte, la calma es siempre amado y reverenciado. Él es como un árbol de sombra que da en una tierra sedienta, o una roca refugio en una tormenta. "¿Quién no ama un corazón tranquilo, una vida carácter dulce, equilibrado? No importa si llueve o hay sol, o qué cambios vienen a aquellos que poseen estas bendiciones, porque siempre son dulces, sereno y en calma. Esa exquisita . aplomo de carácter, que llamamos serenidad es la última lección de la cultura, el fruto del alma es precioso como la sabiduría, más que desear que el oro -. sí, incluso que el oro fino Cuán insignificante de dinero en busca de miradas en comparación mera con una vida serena - una vida que habita en el océano de la verdad, bajo las olas, fuera del alcance de las tempestades, en la calma eterna!

"¿Cuántas personas sabemos que amargar sus vidas, que echan a perder todo lo que es dulce y hermosa por un temperamento explosivo, destruyen el equilibrio de su carácter, y hacen mala sangre! Es una cuestión de si la gran mayoría de las personas no arruinar sus vidas y la mar su felicidad por la falta de auto-control. Cuán poca gente conocemos en la vida que son bien equilibrado, que tiene ese exquisito equilibrio que es característico de un carácter refinado!

El pensamiento positivo y el poder del optimismo son la base para una mejor y plena vida.

Si desea hacer cambios en su vida, usted debe buscar las raíces y las causas son casi siempre la forma en que está utilizando su mente - la forma en que está pensando. No se puede pensar pensamientos negativos y positivos al mismo tiempo. Uno o el otro va a dominar. La mente es un animal de costumbres, por lo que se convierte en la responsabilidad de cada individuo para asegurarse de que las emociones positivas y pensamientos constituyen la influencia dominante en su mente.

Con el fin de cambiar las condiciones externas, primero debe cambiar el interior. La mayoría de las personas omiten este paso. Ellos tratan de cambiar las condiciones externas al trabajar directamente en esas condiciones. Esto siempre resulta inútil, o en el mejor de temporal, a menos que vaya acompañada de un cambio de pensamientos y creencias.

El despertar a esta verdad, el camino a una vida mejor, más éxito se vuelve claro como el cristal. Entrenar a su mente consciente para pensar pensamientos de éxito, la felicidad, la salud, la prosperidad, y para eliminar la negatividad, como el miedo y la preocupación. Mantenga su mente consciente ocupada con la expectativa de los mejores, y asegurarse de que los pensamientos que tienes habitualmente se basan en lo que quiere ver que suceda en su vida.

El agua toma la forma de cualquier recipiente que contiene, ya sea en una copa, un florero o un río. Del mismo modo, su mente va a crear y se manifiestan de acuerdo con las imágenes que se piensa habitualmente acerca de su forma de pensar todos los días. Así es como se crea su destino. Una nueva vida es creada por nuevos pensamientos.

Tenemos mucho que agradecer la oportunidad aquí atunlimited para compartir el amor, el conocimiento y la comprensión que hemos recibido, con usted. Juntos podemos hacer un impacto positivo en todo el mundo.

Cuando conocemos a nosotros mismos, sabemos que todo lo que existe es el amor que expresa de forma inteligente a través de energía. Somos eso y así es todo y todo lo demás. La separación es sólo de forma. Vemos energía manifestada en diferentes formas. Estas formas son creadas por el pensamiento. Creemos que estamos separados porque no somos conscientes de nuestra integridad.

Todo este conocimiento y la experiencia está disponible para nosotros a través del desarrollo de nuestras capacidades del cerebro derecho. Cuando empezamos a trabajar con un proceso para liberar el estrés y el fortalecimiento o el perfeccionamiento de nuestro sistema nervioso, empezamos a descubrir que estamos en un nivel más profundo y pronto comenzará a conocer la totalidad que incluye a todos nosotros y todo lo demás en la existencia. Cuando esto sucede, empezamos a entender que todos los aspectos de la vida se rigen por las leyes de la naturaleza o principios de la vida, y comenzamos a ver lo que estos principios son y cómo funcionan. En este punto nos movemos en un nivel mucho más avanzado de funcionamiento, y descubrir que tenemos el derecho de poder dentro de nosotros mismos para crear cualquier cosa que elijamos.

Adoptar estas formas específicas para potenciar a sí mismo como una práctica constante diaria. Para todos nosotros, siempre hay un plano más elevado de la evolución y cumplimiento. Siempre hay un escalón más para mejorar aún más hacia la iluminación. Utilice estas técnicas simples para activar su mente a planos superiores:

a. Confiar en el Universo: Recuerde y se comprometa a aceptar las energías más altas y el mayor bien del Universo.

b.Release negatividad: internalizar y repetir esta declaración a intervalos regulares durante el día: ". Estoy dispuesto a liberar a todos los patrones negativos en mi conciencia envolviéndolos con amor y dejando flotar lejos, lejos, muy lejos en la nada"

b Perdonar: el proceso del perdón es más que olvidar el pasado para entrar en la actualidad, es cada vez mayor para la construcción de la paz dentro de sí mismo a través de la repetición regular :: "Me perdono y todos los demás, todo el mundo también me perdona por todo en todas las dimensiones del tiempo y el espacio. Me da de alta, totalmente libre y en paz.
do. Las visualizaciones
re. afirmaciones

Por lo tanto, lo que todos atrapados en el contexto actual mantiene 3D es su apego continuo "a los resultados (relaciones de causa y efecto) que imaginar son
operación allí. Estos son meras ilusiones.

Cuando algo se manifiesta en su mundo 3D, llega porque lo requería * * con la mente y el corazón. t poca diferencia en que su llamada fue una decisión consciente, o si era algo que a medida que surgían de debajo de su velo del olvido. Se volvió de vosotros, y hay que reconocer que antes de poder liberarse de su influencia. manguera que tienen problemas con este concepto puede ser necesario dar la vuelta de nuevo

Una persona no manifiesta su mundo fuera de nothing.rather, cada uno de ustedes forma su realidad personal del todo, lo que existe a su alrededor. Con el fin de hacer algo físico, sólo tiene que centrarse en ella ..... (lo que ralentiza la vibración lo suficiente como para que se solidifique), y luego de instalar velos de percepción alrededor de ella, para bloquear outhe el conocimiento de todo lo que está allí. Esto es equivalente a su propia percepción de poner anteojeras sobre un caballo.

Al comenzar su proceso de focalización, usted debe darse cuenta claramente cómo el elemento creativo de su mente works.T que la explicación que vamos a hacer para usted ahora es lineal, ya que se está operando actualmente dentro de una base de realidad lineal. Por favor, darse cuenta de que usted tiene el poder de cambiar el orden o las reglas de este proceso en cualquier momento.

Sus declaraciones afirmativas, especialmente cuando se acompaña de cierto deseo y la pasión, son como Genios de una botella, que la concesión de todo lo que pueda desear. Como un maestro espiritual, una vez lo expresó: "El universo se reacomoda de acuerdo a sus creencias sobre lo que es real." Lo hace a través de sus propias declaraciones de * lo que es, no a través de declaraciones * * de lo que no lo es.

Debe darse cuenta de que la realidad física se crea a partir de enfoque. f usted está constantemente centrando en lo
    Aquí es una práctica paso a paso que será más eficaz cuando se practica dos veces al día durante al menos treinta días. ZTry

hacerlo más de 30 días consecutivos, pero si se olvida de un día o dos en el medio, ponerse al día con la cuenta tan pronto como sea posible

Instalarse en un espacio tranquilo conseguir lejos de todas las actividades y empezar por la inhalación y exhalación lenta y profunda, teniendo en imaginado energía divina, pura y exhalando todos los patrones negativos, la tensión y la tensión de su cuerpo.

Dejar de lado todos los pensamientos, sentimientos ... y simplemente relájese.
A medida que continúe a respirar profundamente, lentamente dirigir su atención a su corazón,
hacer una pausa, una pausa y permanecer a la deriva en su estado relajado.

Segundo paso: indicar claramente su deseo en una frase o dos, independientemente de lo ambicioso o extravagantes su deseo puede parecer en ese momento

Ahora, imagina que Dios acaba de aparecer por encima de usted y le concede tres deseos. ¡Todo lo que quieras!
¿Cuáles son sus tres deseos? (Ir a tu corazón y deja que tu corazón elija su deseo más profundo)
Si sólo pudiera pedir un deseo, que deseo ¿cuál elegiría? Recuerde que usted debe elegir sólo uno!

Indicación: Seleccione algo que quieres, no es algo que tu quieres deshacerse de él.

Por ejemplo: Si mi último que quiero es estar sano y una de las maneras para mí estar saludable es perder peso
mi elección leería así: Elijo estar sano y en buena forma física. Más que quiero bajar de peso.

Es evidente que indique su deseo más profundo. Es útil que anotarla donde se puede ver a diario.

Paso tres: visualizar el éxito por adelantado

Imagen lo que deseas como si ya ha sucedido,
como si ya se ha manifestado para usted en su vida.
Permita que su foto sea tan reales como sea posible ... colorido, al igual que la vida, los bienes

Paso cuatro: Embrace The Feeling

¿Qué sensación se tiene su deseo le das?
Sentir la sensación que se tiene como usted se imagina que su deseo ahora.
Sugerencia: Vamos a usar el ejemplo del deseo más dinero en mi vida. Pregúntese qué sensación tiene usted como usted

imaginar tener todo el dinero que usted desea? Tal vez se siente rico, seguro, exitoso, aliviado. más allá
estos sentimientos, lo que se siente? La mayoría de las personas reportan un sentimiento más profundo de la paz, la libertad. El sentimiento más profundo es
lo que quiere sentir. Esto se conoce como su valor central.

Quinto paso: crear una imagen

Permitir una imagen para venir a usted que representa su sentimiento núcleo.
La imagen puede ser un lugar, una persona, un objeto, un color, una forma

Sugerencia: Si su sentimiento básico es la libertad, una imagen que puede funcionar sería un pájaro,
navegando en el océano, el parapente, el espacio. Si su sensación de paz núcleo es una imagen puede
ser una puesta de sol, una paloma, caminar en la naturaleza, el color rosa, la Madre Teresa, una rosa.

Sexto paso: Let It Go!

Deje que su mente liberar la intención de su ser superior.

Pista: Esto se puede hacer simplemente diciendo a ti mismo "Ahora libero mi
el deseo de la sabiduría y el poder de mi ser superior. "Y permitir que su mente a cambio de
a su sensación de núcleo. A medida de que alimente su sensación de núcleo, se manifestar sus deseos
diez veces.

Paso siete: Ten fe

Tenga fe en que usted ha hecho todo lo que hay que hacer.
Su ser superior, su mente subconsciente se encargará del resto.

Le sugiero que use estos pasos todos los días. Tomando unos

minutos de la mañana cuando por primera vez
despertar es un excelente momento para tomar a sí mismo a
través de estos siete pasos.

Una vez que se
familiarizados con estos pasos, usted será capaz de hacerlo de
forma rápida, sin necesidad de escribirlas.

Siéntase libre de utilizar estos pasos durante el día también. Es
una excelente manera de mantenerse centrado en
Qué es lo más importante para ti.

capítulo Nueve

Estos son numerosos recursos, independientes, que pueden ser de utilidad en sus pasos en curso hacia
mejoramiento de sí mismo ..

Exención de responsabilidad: que va a hacer su propia investigación para obtener más información sobre estos y confiar en ellos y utilizar a su propia discreción y su propio riesgo en función de su situación individual

https://www.dmoz.org/Health/Mental_Health/Self-Help/

https://www.dmoz.org/Society/Religion_and_Spirituality/New_Age/Magazines_and_E-zines/